KB194367

음악 학원
운영 백서

신규 · 인수부터 프랜차이즈까지
운영에 관한 A to Z

음악 학원
운영백서

오세현 지음

THE MUSIC ACADEMY GUIDE

· · · 학원 운영 성공을 위한 지침서 · · ·

예솔

♪ 머리말

—

2019년 9월, 『예닮쌤의 독보적인 피아노학원 운영 비법』이 첫 출간되었다.

학원 운영의 'ㅎ'자도 모르던 스물셋의 어린 나이에 처음 시작한 피아노학원은, 운영에 대한 그 어떤 실질적 도움도 받지 못한 상태로 오롯이 시작된 혼자만의 전쟁이었다. 도움은 없었지만 주변의 걱정은 많았던 그때 그 시절, 나는 성공적으로 학원 운영을 해냈으며 그 방법을 여러 선생님들과 나누겠다는 결심으로 책을 집필했었다. 나의 학원 운영 투쟁기가 담긴 책은 한 달이 채 되지 않아 감사하게도 2쇄를 찍게 되었는데, 그 이후에도 스스로의 발전을 위해 많이 노력해왔던 터라 이번에는 더 많은 내용을 수정하고 추가한 개정판을 계획하게 되었다.

개정판 작업을 위해 책을 다시 읽노라니 지난날들이 주마등처럼 스쳐 지나간다. 처음 학원을 시작했을 때부터, 첫 책을 완성한 이후로도, 나는 교육 현장에서 더 나은 교육을 위해 달리기를 멈춘 적이 없다.

나의 첫 학원인 예닮음악학원부터 현재의 유어피아노음악학원에 이르기까지, 내 젊음과 열정을 바쳐 일궈왔던 수많은 시간들이 지금의 나를 만들어주었고, 앞으로 더 큰 도약을 위한 단단한 발판이 되고 있다. 나는 아이들에게 음악을 가르치는 교육자이자 학원을 운영하는 운영자, 프랜차이즈 사업을 영위하고 있는 사업가로서, 인구가 줄어들고 있는 지금 이 시대의 흐름을 빠르게 파악하여 음악교육에 접목시키고자 끊임없이 연구하고 있다. 유어피아노를 아는 모든 사람들이 이 학원은 제대로 가르치는 학원, 새로움이 있는 학원, 그리고 아이들이 즐거워하고 행복해하는 학원이라고 인식하기를 원한다.

세상에 어떤 일이든 거저 주어지는 것은 없다. 오늘의 나를 위해서 짧지 않은 시간 동안 적지 않은 노력을 해왔으며, 그 결과로 나는 피아노학원 운영에 대한 상당히 많은 노하우를 쌓을 수 있었다. 지난날들을 통해 얻게 된 보석과도 같은 피아노학원 운영 노하우를 나와 비슷한 나이의 원장님들, 이제 학원을 시작하려는 예비 원장님들, 그리고 피아노학원 운영에 대한 막연한 꿈을 꾸고 있는 미래의 원장님들과 나누고자 한다.

국영수가 필수 과목이 되고 예체능 교육이 소외되고 있는 현실이지만, 그럼에도 자라나는 아이들에게 꼭 필요한 것은 예술교육이다. 우리는 음악교육자로서 책임감을 가지고 음악교육의 인식을 높일 수 있는 역할을 해야 한다. 그 선두에 나는 항상 앞장설 것이며, 이 책을 읽는 모두가 동참해주길 바란다.

개정판이 빠르게 빛을 볼 수 있도록 애써주시는 예솔출판사 김재선 대표님과 임예헌 팀장님, 김은경 이사님께 진심으로 감사드리며, 항상 응원을 아끼지 않는 사랑하는 가족들, 나를 응원해주는 모든 이들, 내 모든 것 되시는 하나님 아버지께 감사드린다.

2024년
오세현

♪ 차례

머리말 • 5

>PART 1< **학원 개원에 관한 모든 것**

01. 신규 개원 ·· 15

첫 번째 예닮음악학원–동두천 / 학원 이름 정하기 / 학원 등록 절차: 학원 vs 교습소 / 피아노 구입 / [피아노 유지 및 관리에 관한 팁]

02. 인수 개원 ·· 25

두 번째 예닮음악학원–의정부 / 입지 파악의 중요성 / 인수인계 기간 동안 꼭 체크해야 할 것 / 학원 인수의 어려운 점 / 신규 개원 vs 인수 개원 / 전문가 기고 – 학원 가치 평가에 따른 권리금 책정 및 인수 시 고려 사항

03. 확장 개원 ·· 37

또 다른 개원의 형태 – 확장 개원 / 확장 개원 장소 선정 / 확장 개원 시 주의할 점 / 학원 개원에 좋은 입지 선정 / 신도시 만능설에 대한 경계

04. 인테리어 ·· 42

학원 개원을 할 때 가장 좋은 시기 / 첫 번째 예닮음악학원 인테리어 / 두 번째 예닮음악학원 인테리어 / 인테리어 꿀팁! – 메인 출입문 위치의 중요성 / 셀프 아크릴 스카시 시공하기 / 인테리어에 조금씩 변화를 주자 / 학원 벽면을 사진으로 채워보자 / 학원 명찰 사용 / 세 번째 예닮음악학원 인테리어 / 네 번째 유어피아노음악학원 인테리어(부분) / 다섯 번째 유어피아노음악학원 다산점 인테리어 / 전문가 기고 – 공간, 그것은 새로운 경험

05. 브랜딩 ··· 64

브랜딩의 의미 / 브랜딩의 시작 / 유어피아노의 로고와 슬로건 / 전문가 기고 – 브랜딩의 힘

06. 교재 선정 ·· 72

나에게 잘 맞는 교재 선택 / 저자가 느끼는 『피아노 석세스』 교재의 장점 / 학원에서 『피아노 석세스』 사용 꿀팁 / 체르니 단계에서의 교재 사용 / [저자의 실사용 교재 및 하루 연습량] [저자의 장르별 추천 도서] [학원 개원 시 필요한 비품 목록] / 교재를 시세보다 저렴하게 공급받을 수 있는 방법

07. 강사 채용 ·· 82

원장과 강사의 입장 차이 / 이런 강사, 정말 힘들어요 / 이런 원장, 정말 힘들어요 / 강사의 월급은 어느 정도가 적당할까? / 유어피아노의 강사 대우 / 전문가 기고 – 학원 세무의 핵심

08. 원장이란 ·· 100

성공하는 사업가들의 마인드 / 현실 안주는 학원 운영의 최대의 적 / 음악학원 첫 창업을 위한 마음가짐 / 먼저 시작한 자의 책임 / 전문가 기고 – 21세기 피아노 교수학

PART 2 학원 운영에 관한 모든 것

01. 온라인 마케팅 ·· 111

마케팅의 필요성, 아무리 강조해도 지나치지 않는다 / 블로그 홍보 방법 / 파워블로거 섭외 / 맘카페 활용 / 인스타그램 활용 / SNS 홍보 시 필수 표시사항

02. 오프라인 마케팅 ·· 123

생각보다 다양한 오프라인 홍보 / 필수 홍보 시기 / 현수막 홍보 / 종이컵 홍보 / 부채 홍보 / 워터보틀 홍보 / 솜사탕 홍보 / 슬러시 홍보 / 커피 트럭 홍보 / 풍선 홍보 / 쓰레기봉투 홍보 / 물티슈 홍보 / 피아노 양말 홍보 / 사인물의 교체 주기 / 장기전에 대한 각오 / 마케팅의 진짜 핵심 / 홍보에 관한 아이러니 / 저자 경험담 1–첫 학원 개원 직후의 홍보활동 / 저자 경험담 2–원생 모집 마케팅 후기

03. 상담 및 관리 ················ 141

대화의 중점 대상 / 전화상담, 방문상담 후 그냥 보내지 마세요 / 신입생 상담을 위한 팁 / 학부모 관리 / 지속적인 프로그램 기획 / 아낌없이 준만큼 되돌아온다 / 동기부여를 위한 도구들 / 아이가 원하는 것이 무엇인지 파악할 것 / 진심을 담아 사랑으로 아이들을 대할 것 / 아이들의 말에 상처받지 않기 / 고학년을 유지하는 방법 / 저자 꿀팁 / 학부모 만족도 조사

04. 특강 및 특별학습 ················ 162

매월 1회의 음악특강은 필수 / 저자의 특강 진행 리스트 / 초청 행사 / 매월 1회씩 특별한 체험학습 진행 / [체험학습 참가 공문 예시] / 시도하면 좋을 다양한 특별활동 소개 / 전문가 기고 – 예술 융합 특강의 중요성

05. 연주회 및 콩쿠르 ················ 192

원내연주회 / 연주력 증가의 기회, 학원 정기 연주회 / 연주회는 언제 하는 것이 가장 좋을까? / 연주회에 필요한 진행 및 지출 항목 / 저자의 연주회 꿀팁 / [연주회 멘트 예시] / 학원 홍보까지 가능해지는 콩쿠르 활용 / 저자의 콩쿠르반 운영 꿀팁 / 콩쿠르 에피소드 – 결과보다 과정이 중요하다 / [유어피아노의 1년 계획]

06. 포괄적 운영 노하우 ················ 210

교육이냐 서비스냐의 갈등으로 고민하고 있는 분들께 / 학원비(원비) 인상 관련 – 저자 에피소드 / 차량운행, 꼭 해야 하나요? / [차량 구입 팁] / 학원용 휴대폰으로 사생활을 분리하자 / 교회반주자 양성반 운영 / 교육청법에 대한 고찰 / 교육청 감사 / 다른 학원의 견제 / 학원 운영의 어려운 점 – 원장님들의 생생 후기! / 어린 원장 장점일까 단점일까 / 아는 사람들끼리 모여서 의견 나누기 / 주변 상가들과 가깝고 친하게 지내자! / 1일 결제일 도입, 어렵지 않아요! / 저자의 피아노학원 운영 세미나 및 컨설팅 / CCTV 저렴하게 설치하기 / 셀프로 손쉽게 만드는 학원 소개 이미지 / 전문가 기고 – 예술적 토양을 다지는 음악교육

PART 3 음악학원 프랜차이즈에 관한 모든 것

01. 프랜차이즈의 필요성과 목적 ·· 243

프랜차이즈란 / 프랜차이즈 설립 계기 / 리브랜딩 / 음악학원 프랜차이즈 도입의 필요성

02. 프랜차이즈 준비 ··· 250

1) 공정거래위원회 2) 지적재산권 확보 3) 법인 통장 개설 4) 브랜드 콘셉트 픽스 5) 매뉴얼 작성 6) 교육 프로세스 세팅 7) 마케팅

03. 프랜차이즈의 특징 ·· 258

프랜차이즈의 장점 / 프랜차이즈의 단점 / 음악학원에서의 적용

04. 매뉴얼 ··· 264

매뉴얼의 중요성 / 매뉴얼 작성 방법

05. 프랜차이즈 마케팅 ·· 267

프랜차이즈 마케팅의 장점 / 유어피아노의 마케팅 / 전문가 기고 – 학원 운영과 관련된 법률 상식 네 가지

부록 학원 운영에 필요한 각종 서식   277

강사 계약서 / 강사 매뉴얼 / 방학 안내문 / 수강료 차감 및 환불 규정 / 연주회 사회자 대본 / 원생 관리일지 / 월간 안내문 / 전화상담 매뉴얼 / 직거래 계약서 / 총괄 안내문 / 학원비 인상 안내문

PART 1

학원 개원에 관한 모든 것

신규 개원 | 인수 개원 | 확장 개원

인테리어 | 브랜딩 | 교재 선정 | 강사 채용 | 원장이란

01
신규 개원

첫 번째 예닮음악학원-동두천

음악대학을 졸업한 스물셋의 나는, 동두천에서 서울까지 왕복 2시간 거리의 피아노학원에 출퇴근하며 강사로 일을 시작했다. 이뿐만 아니라 오전엔 카페 오픈 아르바이트를, 수요일과 금요일엔 교회에서 반주를, 토요일엔 합창단의 반주를 하며 생계를 유지해 나가고 있었다. 한 달 수입은 200만 원 남짓이었고, 그 안에서 막냇동생의 입시레슨비를 부담하며 장녀로서의 책임을 다하기 위해 쉴 새 없이 일했었다.

그러던 어느 날, 피아노학원을 직접 운영해 보는 것은 어떻겠냐는 아버지의 갑작스러운 권유가 있었다. 피아노를 전공한 후 피아노학원을 열어 일명 대박을 낸 아버지의 지인께서 아버지에게 출퇴근 멀리 다니지 않게 직접 학원 운영을 시켜보는 건 어떻겠냐고 먼저 말씀하셨던 모양이었다. 행동력 있는 아버지는 그 즉시 부동산으로 향하셨다.

당시의 나는 하루하루 먹고살기 바빴으며, 이렇게 피아노 강사로 생활하다가 언젠가 때가 되면 결혼할 것이라 막연하게 생각했을 뿐이다. 아버지의 권유에도 결정을 내리지 못하고 머뭇거리던 내게 아버지는 말씀하셨다. "너는 아직 젊고 어려. 실패해도 괜찮아. 뭐 어때? 어릴 때 한번 부딪혀봐." 이 한마디에 큰 용기를 얻어 나의 피아노학원 운영 라이프가 펼쳐지게 되었다.

집과 멀지 않은 곳에서 처음 시작하게 된 학원의 위치는 상당히 훌륭했다. 타 피아노학원의 확장 이전으로 약 3년 동안 방치되고 있었던 곳이었는데, 태권도 학원 바로 옆이면서 아파트 단지 내 독점 상가였다. 그래서 이렇게 긴 시간 동안 비어있었다는 것은 나를 만나기 위한 것이라고 밖에는 생각할 수 없었다. 임대인은 나이 어린 나의 첫 사업을 응원해주며 길었던 공실 기간을 고려하여 아주 저렴한 금액으로 학원을 임대해주었다. 학원 상태는 칸막이와 인테리어가 되어 있었기에 청소, 페인트칠 등 최소한의 작업만을 했다. 가로로 긴 88㎡(약 26평)의 공간에 상당히 많은 16개의 연습실이 구획되어 있었는데, 당시만 해도 원생이 20명만 되어도 감사할 것이라 생각하여 16개 중 6개를 한 개의 방으로 만들었다. 그렇게 하여 총 11개의 방으로, 그랜드 피아노

1대와 업라이트 피아노 10대로 시작을 하게 되었다. "네 시작은 미약하였으나 네 나중은 심히 창대하리라"라는 성경구절이 생각났다.

학원 이름 정하기

학원의 이름은 중요하다. 그런데 중요한 문제라고 해서 결정하는 데 시간이 많이 걸리는 것은 아니다. 학원 이름을 정하기까지는 그리 오랜 시간이 걸리지 않았다. 온 가족이 동그랗게 둘러앉아 학원명 리스트를 적어보았다. 내 이름, 음악가들의 이름, 음악 용어 등 수많은 이름들로 리스트가 빼곡이 채워졌다. 그러다번뜩 '예닮'이라는 단어가 떠올랐다. 목사님 딸로, 모태신앙으로 자라온 나에게, 예수님을 닮자는 예닮이라는 단어는 내 심장을 두근거리게 했다. 나로 하여금 학부모님들과 아이들이 하나님을 알고, 그로 인해 복음의 사역을 감당할 수 있는 계기가 된다면 그보다 더한 축복이 없을 거라고 생각했다. 그리고 이 이름은 온 가족의 만장일치를 끌어냈다.

'예닮음악학원'이라는 이름으로 학원을 개원했고 그때부터 지금까지 나는 "예닮쌤"이라는 별명으로 불리게 되었다. 그렇게 예닮음악학원이라는 이름으로 오랜 시간 운영해오다, 본격적으로 프랜차이즈 사업을 시작하게 되면서 정든 이름을 뒤로 하고 새로운 이름을 갖게 되었다. 브랜딩을 통해 바꾼 학원명은 '유어피아노(YOUR PIANO)'이다. "너의 피아노, 오늘도 내일도 함께"라는 슬로건을 내세우고, 로고도 새롭게 제작하였으며 유어피아노의 아이덴티티를 녹여내어 인테리어와 실내외 사인물의 변경 작업도 거치게 되었다. 유어피아노 로고와 슬로건의 의미는 이후 5장 브랜딩에서 더 자세하게 설명하도록 하겠다.

학원 등록 절차: 학원 vs 교습소

학원과 교습소는 크게 규모에 따라 달라진다. 학원으로 인가가 나려면 실습실 면적이 60㎡ 이상이어야 하는데, 여기서 잘 생각해야 할 것은 이 크기가 전체 공간이 아닌 '실습실'의 면적이라는 것이다. 아슬아슬한 크기에서 당연히 학원으로 인가가 날 것으로 생각하고 인테리어 공사를 진행했다가 생각지도 못하게 교습소로 인가가 나게 될 수도 있다. 실습실 면적은 수업에 사용되는 공간으로, 교육청 담당자가 레이저 거리측정기로 정확하게 실측을 잰다. 어떤 담당자를 만나느냐도 굉장히 중요하다. 동두천 예닮음악학원의 경우 실제 면적이 88㎡로 연습실이 빼곡하고 홀이 있었기 때문에 무리 없이 학원으로 인가가 났다.

교습소는 학원에 비해 제한이 많다. 피아노를 최대 5대까지 밖에 둘 수 없으며 강사 채용이 불가능하기 때문에 어려움을 겪고 있는 원장님들이 많다. 교습소의 피아노 대수 제한은 지역별로 차이가 있으므로 관할 교육지원청에 문의하는 것이 가장 정확하다. 평수가 된다면, 혹은 여건이 된다면 학원으로 개원하는 것을 추천한다. 나의 경우 동두천 예닮음악학원 첫 개원 당시 20명만 돼도 좋겠다는 마음이었지만, 사람 일은 어떻게 될지 모르는 것이다. 제한이 많은 교습소로 인가가 났으면 어쩔 뻔했냐는 우스갯소리를 자주 한다.

학원 · 교습소 · 개인과외교습 비교표

구분	학원	교습소	개인과외교습소
학습자 수	동시 10명 이상 가능	동시 9명까지 (피아노는 5명)	동시 9명까지
교습과목	여러 과목 교습 가능	한 과목	여러 과목 교습 가능
건축물 용도	• 제2종 근린생활시설, 판매시설, 교육연구시설 • 당해건물에 학원운영자 1명 기준으로 학원면적의 합이 500㎡ 이상일 경우 교육연구시설	• 제2종 근린생활시설, 판매시설, 교육연구시설 • 당해건물에 학원운영자 1명 기준으로 학원면적의 합이 500㎡ 이상일 경우 교육연구시설	• 학습자의 주거지, 교습자의 주거지로서 단독주택, 공동주택 • 공동주택의 공동관리시설로서 입주민을 위한 시설
시설 기준	각 지자체 조례 참조 (순수 교육공간(복도, 화장실, 교무실 등 제외) 60㎡)	교습에 필요한 최소 규모(각 지자체 조례 참조)	-

일시수용 능력인원	1㎡당 1명 이하 (실험, 실습, 실기 등을 필요로 하는 학원 조례 제4조 참조)	1㎡당 0.3명 이하 (9명 이하, 피아노 교습의 경우 5명 이하)	9명 이하
강사 채용 가능 여부	채용 가능	채용 불가 • 출산 또는 질병 등의 사유가 있을 때 임시 교습자 채용 가능 • 행정보조요원 1명 채용 가능(채점, 평가 등 교습유사행위 불가)	채용 불가
설립 · 운영자 결격 사유	• 학원법 제9조 • 아동청소년성보호법 제56조 • 아동복지법 제29조의3	• 학원법 제14조 제8항 • 아동청소년성보호법 제56조 • 아동복지법 제29조의3	• 학원법 제14조의2 제8항 • 아동청소년성보호법 제56조
교습비 등 표시 · 게시	적용	적용	부분 적용 (게시하거나 학부모 요청 시 제시)
옥외가격 표시제	적용	적용	–
명칭 사용	고유명칭+학원 (독서실) (간판 또는썬팅 必)	고유명칭+교습과목 +교습소 (간판 또는 썬팅 必)	해당 없음 (외부에 개인과외교습소임을 표시 必)
교육환경 정화 등	적용	적용	해당 없음
성범죄 및 아동학대범죄 여부 조회	설립운영자: 교육청 강사, 직원 등: 설립자	설립운영자: 교육청 보조요원: 교습자	교습자: 교육청
강사학력	전문대 이상 졸업	전문대 이상 졸업	학력제한 없음
설립 · 운영자 학력	학력제한 없음	전문대 이상 졸업	학력제한 없음

피아노 구입

처음으로 학원을 신규로 개원할 때 아무것도 모르던 나는, 피아노를 구입할 때 조율사가 주는 피아노에 대해 그 어떠한 항의도 하지 못했다. 삼익/영창으로만 피아노를 들여 주기로 약속했던 조율사는 12대의 피아노가 들어오던 당일, 이름 모를 브랜드, 형형색색의 피아노 3대를 가져와서 이 피아노도 좋은 피아노라고 소개하며, 나의 동의 없이 들여 놓았다. 피아노는 듣는 귀가 있다면 누구든 알아차릴 정도의 상태였지만 당시의 나는 반박하지 못했다. 그 후 수차례 조율을 부탁했지만, 피아노의 상태는 나아지지 않았고 조율사는 조율을 한 상태이기에 더 이상의 조정은 불가능하다고 하였다. 생각 외로 비양심적인 조율사들이 많기 때문에 정직하게 제대로 조율하는 조율사님을 만나는 것이 중요하다. 심지어 피아노 뚜껑조차 열어보지 않고 조율했다고 우기는 조율사들도 있다. 특히 피아노가 많은 경우에는 더더욱 주시해야 한다.

그랜드 피아노는 국가공인 1급 자격을 가지고 있는 산업기사가 아니면 조율이 불가능하다. 산업기사는 1급, 기능사는 2급 조율사이다. 본인이 1급이라며 허위 사실로 여러 원장들에게 피해를 주고 있는 조율사들이 많으니 꼭 자격증을 확인해야 한다. '한국피아노조율사협회'(http://www.tuners.or.kr)에 가입된 정회

원이라면 사이트에서 확인 후 조율을 의뢰하면 된다. 이때 협회에 가입하지 않고 활동하는 조율사들도 있으니 자격증 확인을 하는 작업이 필요하다.

피아노 유지 및 관리에 관한 팁

1. 건반이 들어가서 나오지 않을 때

건반에 습기가 찼거나 이물질이 끼어있을 때 주로 발생하는 현상이다. 이럴 땐 먼저 손으로 안 나오는 건반을 잡고 좌우로 흔들어 본다. 단, 검은건반은 아크릴이 떨어질 수 있으니 이 방법을 사용하면 안 된다. 이렇게 해도 나오지 않는다면, 일자 드라이버나 식칼 등의 공구로 건반을 좌우로 찔러주면 해결될 때가 있다. 학원에는 연필심, 동전, 딱지 등의 이물질이 끼어 있는 경우가 많다.

2. 건반이 들어가서 반절만 올라오고 반절은 들어가 있을 때

피아노 뚜껑을 열고 보면 가운데 페달에 연결된 방음 레일에 달린 하얀 천이 보일 것이다. 그 천이 내려져 있어 해머에 닿을 때 위와 같은 일이 발생하곤 한다. 방음 레일을 손으로 올려보거나 가운데 페달을 한두 번 밟았다 놓기를 반복해보면 해결되는 경우가 많다.

3. 잡음이 발생하는 경우

먼저 피아노 위에 무엇이 있나 확인해보자. 특히 가정에서는 동전 저금통, CD, 녹음테이프, 트로피, 액자, 시계 등 진동이 될 만한 것들은 모두 내려놔 보자. 물체 진동으로 나는 잡음은 특정 건반을 칠 때만 잡음이 나고, 다른 건반을 칠 땐 잡음이 나지 않기 때문에 꼭 피아노 속에서 나는 것 같이 들리는 것이다. 그래도 해결이 되지 않는다면 피아노와 벽 사이에 물체가 떨어져 있는지 확인해보자. 역시 이 방법을 사용한 후에도 해결이 되지 않는다면 피아노 뚜껑 경첩, 건반 뚜껑 경첩을 손으로 만져보며 열었다 닫기를 반복해보자. 그 밖에 피아노 옆에 기타나 바이올린, 장난감 등이 피아노에 기대있는지 확인해보자. 콘솔형은 피아노 바퀴가 지변에서 떠 있어도 잡음이 발생한다. 모든 방법을 사용해도 해결이 되지 않는다면 조율사를 부르자.

4. 건반에 때가 묻어 있을 경우
촉촉한 걸레에 치약을 묻혀서 닦아보면 웬만한 건 다 지워진다. 아세톤이나 신나는 건반을 녹여 오히려 더 지저분해지므로 절대 사용하면 안 된다.

5. 좋은 피아노 고르는 방법
신품 피아노: 모델과 디자인을 선택하여 소리와 터치감을 테스트해보는 것이 좋다.

중고 피아노: 제조번호와 모델을 확인한 후, 눈으로 볼 수 있는 해머 마모 상태와 해머가 떠 있는지 보고, 사운드보드(향판)에 갈라진 곳이 있는지 확인해보자.

외장 흠집이 어느 정도인지, 건반이 좌우로 너무 많이 흔들리지는 않는지, 튜닝핀과 현이 녹슬어 있는지, 물에 잠긴 흔적이 있는지도 확인해야 한다.

6. 그 밖의 주의사항
피아노는 너무 습해도 감기에 걸리고 너무 건조해도 나빠진다. 습기가 찰 땐 창문을 열어 환기시키고(비올 땐 제외), 선풍기를 켜놓는다. 건조할 땐 환기시키며 하판을 열고 병에 물을 넣어놓는다.

7. 방문하는 조율사에게 꼭 배워둘 것
상판, 건반 뚜껑, 하판 여는 방법, 페달 조정방법. 그랜드 피아노는 보면대 분리방법, 건반 뚜껑 여는 방법.

02
인수 개원

두 번째 예닮음악학원-의정부

6년 동안 최선을 다해 첫 번째 예닮음악학원을 이끌었다. 나의 마음과 상관없이 권태기도 여러 차례 찾아왔지만 슬기롭게 이겨냈다. 학원을 운영하면서 콩쿨사를 창립하고 열피쌤카페도 열었다. 그렇게 활동을 하다 학원을 정리하고 5개월 정도를 쉬었다. 쉼의 시간도 물론 좋았지만 아이들이 보고 싶었다. 간혹 나를 힘들게 하는 주변 환경들에 시달린다 해도 나에게 이만큼의 행복을 주는 일은 학원밖에 없다는 생각이 들었다. 내 역량을 100% 발휘할 수 있는 직업은 이것이라는 확신이 들었다. 그래서 두 번째 학원을 준비하기 시작했다.

최초의 학원은 완전한 신규 개원이었는데 이번에는 학원을 인수해 보고 싶었다. 학원과 관련된 경험을 최대한 많이 하고 싶었던 마음이 있었기 때문이었다. 컨설팅 업체를 통해 수십 개의 학원을 방문했지만 마음에 와 닿는 학원을 찾기 어려웠다. 쇠뿔도 단김에 빼는 성격이라 마음에 드는 매물이 나올 때까지 열심히 검색했다. 그러다 '레슨인포'라는 국내 최대의 강사채용 사이트의 학원매매 직거래방에서 두 달 동안 꾸준히 매매글이 올라오는 학원을 발견했다. 글만 봤을 때 입지나 조건이 좋은데 왜 두 달 동안 학원이 나가지 않았는지 궁금했다. 그 즉시 매매글에 올라온 번호로 전화를 했다. 학원 직거래는 원칙상 학원명이나 위치를 구체적으로 알려주지 않기 때문에 약속 시간을 먼저 잡고 대략적인 위치를 물어봤다. 성격이 급한 나는 그날 밤 11시, 홀로 차를 타고 그곳으로 향했다. 상세 위치를 알진 못했지만 큰 길목에 있는 피아노학원은 그곳 하나뿐이었다. 이 학원이다 싶었다. 내가 원하는 모든 조건을 다 갖춘 입지의 학원이었다. 속으로 기쁨의 노래를 부르며 전 원장님과 계약을 하기로 약속하고, 권리금을 조정하여 매우 좋은 조건으로 학원을 인수하게 되었다.

입지 파악의 중요성

학원을 운영하기에 좋은 장소는 아무래도 학교 앞이다. 거기에 단지 내 상가라면 더더욱 플러스된다. 아이들의 이동 경로와 접근성으로 보아 이보다 더 좋은 장소는 없기 때문이다. 그러나 이러한 조건을 가진 학원은 생각 외로 그리 많지 않다. 나는 의정부 예닮음악학원을 인수하기 전, 총 3단계를 거쳐 인수결정을 하였는데, 각 단계는 다음과 같다.

● 1단계 – 학교알리미 사이트

공공사이트인 학교알리미는 전국에 있는 학교들의 전교생 수, 학급 수, 교사 수에서부터 학교발전기금까지 해당 학교에 관한 모든 정보를 확인할 수 있는 사이트이다. 위 사이트를 참고하면 어떤 학교를 메인으로 하여 공략할지, 신입생은 몇 명이 입학할지, 홍보물은 대략 몇 개를 준비해야 할지까지도 미리 파악할 수 있다.

학교알리미 사이트 메인

(단위: 개, 명)

2023학년도

구분	학생 및 학급수									교원수	수업교원수	수업교원 1인당 학생수
	1학년	2학년	3학년	4학년	5학년	6학년	특수학급	순회학급	계			
학급수	8	8	7	8	8	8	2	0	49(2)			
학생수	200	203	190	197	193	198	7	0	1,188(7)	81(2)	62	19.2
학급당 학생수	25	25.4	27.1	24.6	24.1	24.8	3.5	0	24.2			

구분	학급당 학생수(명)						수업교원 1인당 학생수(명)
	1학년	2학년	3학년	4학년	5학년	6학년	
성북구	21.2	22.7	23	22.8	22.5	22.5	17
서울특별시	20.5	22.3	22.5	22.5	22.6	22.1	17.1
전국	20.5	21.6	21.8	21.8	22.2	21.9	17

학교: 서울미아초등학교 | 작성자 : 장주인 | 확인자 : 손정향

학교알리미 페이지 예시

● 2단계 - 네이버 위성지도

내가 들어가고자 하는 학원 주변을 직접 돌아보는 것도 좋겠지만 그 이전에 네이버 위성지도로 주변에 몇 개의 학원이 있는지, 어떤 업종의 상가들이 있는지 미리 파악해 볼 수 있다. 전교생 수가 많아도 대형 음악학원들이 좋은 위치에 자리를 잡고 있

네이버 지도 예시

다거나, 여러 학원들이 과밀집되어 있는 경우도 있으니 꼼꼼히 확인해보기 바란다.

● 3단계 – 직접 돌아다니기

입지가 좋은데 의외로 인구 이동량이 적은 경우도 있다. 많은 아이들이 정문이 아닌 후문으로 다닌다거나, 인접한 곳에 위치한 학원으로 다수의 아이들이 몰리는 경우도 있기 때문에 최소 이틀 정도는 아이들의 등교 및 하교시간에 맞추어 미리 주변을 탐방해 보는 것이 좋다.

인수인계 기간 동안 꼭 체크해야 할 것

나는 인수인계 기간을 짧게 두는 편이다. 사실 인수인계를 길게 한다 한들 빠질 아이들은 빠지기 마련이니 내 아이들로 채워간다는 것에 의의를 두는 것이 중요하다. 그래서 인수인계 기간은 대략 이틀 정도로 잡는다(매도, 매수 모두). 이 기간 동안 확인해야 할 것은 아이들의 대략적인 인적사항과 출결상황 및 아이들이 주 몇 회, 몇 시에 학원에 오는지, 그리고 수강료를 신고한 그대로 받고 있는지 등이다.

컨설팅 업체와 연결되어 학원매매 시, 전체 인원의 10%가 증가 혹은 감소될 때 권리금의 증감 조절이 없으며, 20% 감소일 경우에는 서로 협의하여 계약을 파기할 수 있다. 권리금 산정의 기준은 원생 수이므로, 인수인계 기간 동안 원생 이탈이 발생하지 않도록 신경 써야 한다. 모든 인수인계 과정을 마치고 잔금까지 마무리된 이후에는 매도자에게 책임을 묻기 어려워지므로 이 부분을 매우 주의해야 한다.

학원 인수의 어려운 점

신규 개원과 인수 개원은 분명 다르기 때문에 직접 경험하지 않으면 그 차이를 체감하기 어렵다. 학원을 인수하기로 하고 계약을 했을 때 학원의 학생 수는 28명이었다. 그러나 원장이 바뀐다는 공문이 나간 후 실제로 내가 첫 출근을 했을 때 학생의 수는 16명이었다. 원장이 바뀌면 아무래도 기존의 아이들 중에서 학원을 그만두는 아이들이 생긴다. 이는 어쩔 수 없는 부분으로, 어느 정도 마음을 내려놓는 것이 정신 건강에 이롭다. 물론 인수할 때 권리금이 있기 때문에 계약 당시와 실제 학생 수 차이가 너무 크게 날 경우 권리금을 조정할 수 있다. 나의 경우, 아이들이 많이 줄었지만 권리금을 조정하지는 않았다. 권리금 자체가 저렴했고 내가 기대한 것은 학원의 입지였기 때문이었다.

인수인계에는 이틀이 걸렸지만 학원의 인테리어 때문에 실제로 운영이 가능하게 된 데에는 더 많은 시간이 필요했다. 인테리어는 학원 개원에 있어 중요한 부분이므로 다음 장에서 설명하도록 하겠다.

신규 개원 vs 인수 개원

신규 개원과 인수 개원의 결과를 비교하면 다음과 같다.

	신규 개원	인수 개원
장점	• 사소한 인테리어까지 내 마음대로 설정 가능 • 내 규칙대로 학생 지도 가능 • 기초단계의 학생들의 기본기를 확실히 다질 수 있음 • 교재 선택의 자유로움 • 학원에 대한 애착 및 성취감 높음	• 신규 개원보다 저렴한 비용으로 시작 가능 • 기본 인원의 보장으로 심적 부담 적음 • 이전 학원의 입지 및 입소문 등을 그대로 받을 수 있음 • 이전 원장의 운영 능력이 미흡했을 경우, 적은 노력으로 높은 효과를 기대할 수 있음
단점	• 높은 위험부담 • 인테리어 비용, 피아노 구입비용이 인수 개원보다 높음 • 초기 원생 모집 확보의 어려움 • 0명에서 개원하는 것에 대한 심적 부담감 • 고정 수입의 불확실함	• 아이들의 이탈률 최소 30% (권리금 협의 필요) • 내 스타일로 바꾸는 데 시간이 걸림 • 이전 학원의 소문이 좋지 않았을 경우 한동안 어려움 있음

학원 가치 평가에 따른 권리금 책정 및 인수 시 고려 사항

여느 때처럼 학원에 출근했는데, 갑자기 머리에 여러 가지 생각들이 오버랩 되면서 학원을 다른 곳으로 옮겨서 해볼까? 아니면 분위기 있는 카페나 전혀 생소한 다른 업종으로 전환하여 삶에 전환점을 맞이해보면 어떨까? 등등의 생각을 해볼 때가 있다. 내 나름대로 열심히 살아왔고 그동안 열정을 갖고 일해 왔는데, 당초 계획과 달리 원생 수가 생각만큼 증가하지 않고, 원인을 모르겠지만 일이 풀리지 않아 학원 운영에 대한 애정이 조금씩 줄어들면서 매너리즘에 빠지기도 하는데, 이럴 때에는 예전의 나의 모습과는 다른 느낌에 스스로 이래도 되나? 싶기도 하다. 이는 어쩌면 그동안 학원에만 매달려 쉼 없이 달려와 심신이 지친 내 무의식이 힐링의 시간을 요구하는 시그널일 수도 있다.

이런 시기에는 일정 기간 쉬면서 학원이나 다른 업종의 일을 준비해 볼 수도 있는데, 개인에 따라, 쉬게 되면 심리적으로 불안하여 뭔가를 바로 해야 하는 사람이 있을 수 있다. 경험에 비추어 보면 피아노 하신 분들은 다른 일을 하다가도 다시 돌아오는 경우가 대다수이긴 하지만, 그럴더라도 잠시 다른 일을 할 마음을 먹게 되었을 때, 또는 학원을 옮겨 보고 싶을 때를 대비하여, 내 학원이나 교습소를 매매할 경우 권리금을 얼마나 받을 수 있는지, 역으로 어떤 학원을 인수하는 게 최선의 선택일지 이야기해보려 한다.

1. 학원 가치에 따른 권리금 책정

1) 학원 권리금은 학원을 시장에 매물로 내놓았을 때 인수 의사 및 지불 능력이 있는 누군가가 투자할 수 있는 금액이다.

2) 권리금 책정의 기본 요소

학원 시설, 입지, 임대조건(보증금 및 월차임), 순이익, 차량운행 여부, 현재 운영 중인 원장님의 영향력, 다른 학원과의 거리 및 경쟁력 등이다. 즉, 학원 권리금은 원생과 시설 및 기타의 요소들을 종합하여 평가하여 책정되어야 하는데, 무엇보다 중요한 요소는 순이익이므로 권리금은 순이익에 기초하고 다른 요인들을 가감하여 종합적으로 평가하여 책정된다. 그렇다면 내 학원을 매도할 때 권리금은 얼마로 책정하여야 할까? 위의 여러 가지 요인들을 고려한 후 시장가치로 평가하여 가격표를 달아 시장에 내놓았을 때 누군가가 관심을 갖고 접근할 수 있는 합리적인 가격이어야 한다.

상행위가 이루어지는 거래에서, 인간은 누구나 내가 살 때는 최대한 저렴하게, 하지만 팔 때는 가장 높은 가격에 팔고 싶은 욕망이 있다. 주식으로 하면 최고점에 팔고 싶겠지만 학원 또한 그 타이밍을 잡는 게 쉽지 않고, 자칫 욕심을 내다보면 학원의 강사나 다른 원장 및 학부모에게까지 소문이 나서 운영에 어려움이 초래될 수도 있다. 그러므로 학원을 매도하려면 빠른 시간 안에 소리 소문 없이 잔금까지 마무리하는 게 최고인 것이다.

그럼 내 학원의 매매 후 바로 혹은 일정 기간 재충전을 가진 후 다시 시작할 때 어떤 학원을 인수해야 할까? 또 인수 시 고려해야 할 사항에는 어떤 것들이 있을까? 신규로 인테리어를 진행한 다음 오픈하는 방법과 누군가 운영하는 학원을 인수하여 운영하는 방법이 있을 수 있다. 나이가 젊고 에너지가 넘쳐 시장에 나가 누구와도 싸워 이길만한 자신이 있는 분은 신도시가 형성될 때 혹은 입지 좋은 자리에서 인테리어에 투자하여 운영하는 것을 선호할 수도 있다. 새로 시작하여 성공하는 분들도 있지만, 많은 투자를 하여 오픈하였는데 계획대로 원생들이 확보되지 않아 마음고생하고 자금에 압박을 받아 힘들어하는 분들도 있다. 그러나 어떤 길을 선택할지는 오롯이 원장님이 스스로 잘 판단하여 결정해야 할 사안이다. 여기서는 누군가로부터 인수 받아 운영하려고 할 때에 고려하면 좋은 내용들을 소개해 본다.

2. 학원 인수 시 고려 사항

1) 학원의 입지

학원 인수의 가장 중요한 요소이다. 들어올 때에는 나갈 때를 생각하라는 말이 있다. 내가 학원을 운영하는 동안은 평생 이 자리에서 해야겠다 마음먹고 시작했더라도, 시간이 지나면서 주변 환경이 변하고 새로운 건물이 세워지면서 학원이 생겨나 함께 경쟁 구도로 가야 할 수도 있다. 그렇더라도 입지 좋은 곳을 선택하여 시작한다면 나중에 그만두고 매도하려고 할 때 어려움 없이 정리될 수 있을 것이다.

2) 임대조건

학원이 위치한 상가 시세에 적절한 월차임이 책정되었는지 체크해야 한다. 어떤 건물주나 임대인은 기회만 되면 인상하려고 하자면, 어떤 분은 임차인의 입장을 일정 부분 배려하기도 한다. 무리한 대출을 끼고 상가를 인수한 분들은 조심해야 할 필요가 있다.

3) 인테리어 시설 및 학원 분위기

내가 일터에 도착하였을 때 마음이 편안해지는 시설이면 더욱 좋겠으나, 그 정도는 아니라도 처음 상담 오는 학부모나 원생들에게 좋은 이미지로 남을 수 있어야 한다.

4) 원장님의 영향력

내가 인수에 관심이 있어 학원에 방문하였을 때 현재 운영 중인 원장의 아우라에 내가 위축되는 느낌이 들 때가 있다. 젊고 예쁜데 인상도 좋고 웃는 얼굴에 성격도 좋아 보이는 데다 태도도 싹싹하다면 원생들이나 학부모뿐만 아니라 누가 보더라도 호감을 느낄 것이다. 거기다 학력까지 좋다면 인수에 많은 고민이 요구된다.

5) 투자 금액의 적정성 여부

현재 자신의 경제력을 바탕으로 너무 무리하지 않은 범위 내에서 가용자본을 책정하여 투자하기를 권장한다. 학원이 잘될 것으로 믿고 무리하게 돈을 끌어모아 학원을 인수하였는데 생각과는 달리 운영에 어려움을 겪게 된다면, 이로 인하여 받는 스트레스가 배가될 것이다.

6) 기타 확인 사항
차량운행 여부, 재개발 및 재건축 지역에 해당하는지 등의 내용을 확인한다.

'그럼 도대체 어떤 학원을 인수하라는 말이냐!!'라는 질문을 하실 수 있겠다. 요약하여 말씀드리면, 원장님께서 지금 머릿속에 떠올리는 '이런 학원이었으면 좋겠다' 하는 학원 조건의 60~70% 정도만 맞는다면 나머지 조건들은 인수하여 자신이 원하는 학원으로 만들어 나가라고 권장하고 싶다. 학원을 인수할 때 지인들의 자문에 많이 의존하는 분들이 있고, 가족들과 함께 학원을 보며 상의하는 분들도 있다. 내가 누군가에게 자문을 구하면 일반적으로 상대방은 보수적으로 답변하는 경향이 많다. 그러므로 학원을 인수할 때는 스스로 판단하는 게 맞다, 입지 및 전체적인 그림에 대하여 다른 사람에게 의견을 구한다면 슬쩍 말을 던지면서 참고하는 정도로만 듣는 것이 옳다고 본다.

오늘 학원으로 향하는 나의 발걸음이 가볍고 신나며, 학원에 도착하면 어떻게 시간을 보냈는지 모를 정도로 정신없이 활동하다 퇴근해야 할 시간임을 인지하고 집으로 돌아온다면, 몸은 다소 피곤하겠지만 소중하고 가치 있는 삶을 살아가고 있는 것이 아닐까? 내일을 향하여 오늘 땀 흘려 뛰는 원장님들을 응원한다.

피아노학원 전문 매매 세종아카데미 제공

03

확장 개원

또 다른 개원의 형태, 확장 개원

의정부 예닮음악학원을 오픈하자마자 남아 있는 16명의 원생들을 어떻게 가르쳐야 할지 연구하기 시작했다. 원장이 바뀌었으니 딱 한 달만 다녀보고 어떻게 운영되는지 직접 눈으로 보고 결정하겠다는 어머님들이 대다수였기에 눈앞에 성과가 드러나는 피아노 콩쿠르에 참가하기로 마음먹었다. 학원을 인수하자마자 바로 피아노 콩쿠르라니, 참 대단한 원장님이라는 어머님들의 응원과 칭찬 덕분인지 첫 대회에서 전체 대상, 대상, 준대상 등 상위권 상들을 수상할 수 있었다. 수상자들 중에서 피아노에 특별한 소질을 보이는 원생들은 따로 선별하여 맞춤형으로 섬세하게 레슨을 진행했는데, 그 친구들은 현재까지 피아노 또는 작곡을 공부하며 열심히 음악인의 길을 걷고 있다.

인수하여 시작한 의정부 예닮음악학원에서도 내가 첫 학원에서 시도했었던 여러 가지 활동들과 새롭게 접목한 특강 프로그램, 외부 활동 등을 도입하여 운영해나가자, 2년도 되지 않아서 원생이 폭발적으로 늘어났다. 늘어난 원생들을 감당할 수 없을 정도로 장소가 협소해져서 확장 개원을 결정하게 되었다.

확장 개원 장소 선정

현재의 학원을 크게 만들 수 없는 구조였으므로, 새로운 학원 장소가 필요했다. 확장 개원될 학원의 위치를 선정하는 데는 크게 두 가지 조건이 있었다. 첫째로, 현재 학원의 위치에서 도보로 이동이 가능할 것, 둘째로, 상권이 더 활발한 곳일 것. 이 두 가지 조건에 더하여 추가적으로 생각한 것은, 입시생들도 다수 있으므로 밤늦게까지 연습하는 학생들의 안전을 위하여 경비 아저씨가 상주해주시는 곳이면 더더욱 좋겠다는 것이었다.

현재 유어피아노음악학원 의정부점이 위치한 곳은 완벽하게 학원가로 형성된 대형 프라자로, 건물 내 하루 유동 인구가 대략 2천여 명에 육박한다. 같은 프라자 상가라도 어떤 곳은 상권이 활발하지 않아 죽은 상권이라 불리고, 어떤 곳은 상권이 활발하여 그 어떤 업종이 들어와도 어렵지 않게 운영할 수 있는데, 유어피아노음악학원 의정부점은 후자 쪽에 확장을 결정했다.

확장 개원 시 주의할 점

현재 임차 중인 상가의 임대차 계약 만료일을 잘 확인하여 새로 이전할 곳을 알아봐야 한다. 임대차 계약 기간 내에 이전을 결정할 경우, 남은 잔여기간에 대해 월세를 지불해야 하므로 임대차 종료 시점과 새로운 임대차 계약의 시기가 잘 맞을 수 있도록 적당한 타이밍을 노려야 한다. 임대차 계약이 종료되거나 중간에 임차인이 바뀌는 경우에는 임대인에 따라 월세나 보증금을 올릴 수도 있으므로, 기간을 못 채우고 퇴거하게 된다면 월세나 보증금에 변동이 없는지 확인한 후 새로운 임차인을 찾아야 한다.

학원 개원에 좋은 입지 선정

1) 내가 들어가고자 하는 지역의 인구 밀집도 파악

각 지역의 시청, 구청 등의 사이트에 방문하면 해당 지역의 출산율, 이혼율, 가구 수, 연령별 인구 등 굉장히 다양한 지표들을 한눈에 볼 수 있다. 이러한 정보를 활용하는 것도 도움이 되지만, 물론 제일 좋은 것은 내가 아는 동네에서 학원을 개원하는 것이다. 그 동네에 아이들이 얼마나 많은지, 어느 길목으로 많이 다니는지 등의 중요한 정보를 내가 자주 가는 곳이라면 훨씬 더 쉽게 파악할 수 있기 때문이다.

2) 아이들의 동선에 효율적인 위치

요즘 학원을 피아노 하나만 다니는 아이들은 많지 않다. 대부분 국어/영어/수학, 논술, 수영, 태권도 등 굉장히 다양한 과목들을 배운다. 하루하루 바쁜 일정을 소화해내야 하다 보니 학원을 정할 때도 아이의 동선에 맞춰 정하는 학부모들이 많다. 그래서 어느 건물에서 피아노, 태권도를 하고 옆 건물에서 영어를 배우고, 그 옆에서 수학을 배우는 등 가까운 곳에 밀집된 학원으로 다니는 아이들이 굉장히 많다. 소위 말하는 '학원가'로서 학원들이 몰려있는 구역이 있는데, 그 구역을 크게 살펴보자면 입시 위주의 중고생을 대상으로 하는 구역이 있고, 다양한 과목으로 구성된 초등생들을 위한 구역으로 나뉘어 있다. 음악학원의 타깃은 유치부부터 초등 저학년이므로 우리는 가급적 초등생들을 위한 구역에 들어가야 한다.

3) 학교와 가급적 가까운 곳

보통 학원가들은 학교를 중심으로 반경 1km 안에 형성되는 경우가 많다. 요즘 음악학원은 차량운행을 하지 않는 추세로, 학교 앞에 자리 잡는 것을 굉장히 선호하고 있기 때문에 학교와의 거리도 굉장히 중요하다고 할 수 있다.

신도시 만능설에 대한 경계

지금까지 설명한 학원 입지 조건과 별개로, 인구의 감소로 인하여 매년 입학생의 수도 줄고 있는 상황이다. 신도시나 아파트의 증축 등으로 인구가 증가되는 일부 지역을 제외하고는 인구 절벽을 서서히 체감하시는 분들이 많을 것이다.

이런 상황에서 창업을 한다? 그렇다면 무조건 사람이 많은 신도시가 정답일까? 내 대답은 '아니오'이다. 아이들 수가 많은 만큼 학원 수도 많기 때문이다.

내 학원이 충분히 브랜딩 되어 있지 않으면 살아남기 어려운 곳이 바로 신도시이다. 그래서 학원 창업을 준비할 때 무조건 자리 하나만 보고 들어가는 것을 상당히 무모한 일이라고 보기도 한다. 창업은 내가 어떤 방향성을 가지고, 어떤 시스템으로 운영할지 아주 세세하게 계획을 수립한 다음에 해야 하는 것이다. 그래야 좋은 자리에서도 살아남을 수 있기 때문이다.

04

인테리어

학원 개원을 할 때 가장 좋은 시기

학원에 학생들이 가장 많은 때는 3월이다. 신학기가 시작되는 시기이기 때문이다. 따라서 학원 개원을 준비하고 있다면 3월에는 안정적으로 학원이 운영되고 있는 중이어야 한다. 그러니 개원 시기는 12월 이내가 되어야 한다. 나도 두 번째 인수 개원을 할 때 이 시기를 맞추기 위해서 매우 신속하게 일을 진행시켰다.

인테리어는 학원 개원 시기와 직접적인 연관이 있으므로 사전 조사 및 진행 기간을 확인하는 것이 중요하다. 그래야 개원의 황금시기를 놓치지 않을 수 있다.

신학기인 3월을 노리기 힘들다면 2학기 시작인 8월도 나쁘지 않다. 꼭 기억하자. 1년의 큰 수확은 3월과 8월이다. 웬만하면 그 시기를 맞추는 것이 좋다.

첫 번째 예닮음악학원 인테리어

2013년 개원할 때의 초기 비용은 다음과 같다. 물론 여기에서 인테리어, 피아노 구입, 간판 등의 비용은 변동폭이 높을 수 있다.

항목	비용	비고
피아노 구입	1,000만 원	영창 그랜드 피아노 450만 원, 업라이트 피아노 대당 80만 원
간판/시트지	200만 원	대형사이즈 재활용 간판 2개, 조명 옆 간판 1개, 창문 시트작업
칸막이 철거작업	200만 원	여러 개의 연습실을 하나의 방으로 나누고, 전기, 장판, 벽지작업까지 완료
테이블/의자 등	50만 원	이론실 대형테이블 2개, 의자 20개
초기 교재 구입	50만 원	각 단계별로 필요한 교재들을 미리 비치
기타 잡비	100만 원	페인트, 필기구, 청소용품, 가방 등등
합계	1,600만 원	건물 보증금 별도

이 항목들 중에서 인테리어 비용은 450만 원이다. 3년 동안 비어있던 공간이었어도 원래 피아노학원으로 운영되었던 곳이라 칸막이 설치보다는 몇 개의 칸막이 철거에 비용이 들었다. 테이블 및 의자는 체리원목으로 준비했었는데 조금 촌스러운 느낌이 있어서 3년 뒤 직접 인테리어 수정 작업에 들어갔다. 이렇듯 개원하고 나서도 칸막이 같은 큰 공사가 아니라면 인테리어는 수정이

인테리어 - 기존

인테리어 - 수정

가능하다. 학원은 색상 및 채도가 밝을수록 첫 인상을 좋게 인식시킬 수 있다. 때가 잘 타는 단점은 있지만, 한 번씩 페인트로 덮을 수 있으므로 하얀 페인트로 환하게 학원을 꾸미는 것도 좋다. 셀프로 간단히 할 수 있는 것으로 폼블럭 또는 시트지를 붙이거나, 데코타일을 이용해 바닥 색상을 변경하는 방법 등이 있다.

두 번째 예닮음악학원 인테리어

인수학원이었지만 새로운 인테리어로 분위기 반전을 모색했다. 그래서 크게 투자한다 생각하고 대략 5천만 원의 견적으로 인테리어 공사에 들어가려 했다. 그런데 예상을 뛰어 넘는 정도의 인테리어 업체의 몰상식함 덕분에 전체 인테리어 공사를 취소하게 되었다. 덕분에 쓸데없이 지체된 시간이 일주일이 넘었고 연쇄적으로 교육청 인가 및 소방서의 실사 일정도 미뤄지게 되었다. 더 이상 늦어지면 정말 중요한 시기를 놓칠 수 있기 때문에 급히 동네 인테리어 업체들을 수소문하기 시작했다.

의정부 예닮음악학원의 인테리어 비용은 다음과 같다.

항목	비용	비고
도배/몰딩	190만 원	홀 몰딩 및 연습실문 필름시공, 학원전체 도배
간판/시트지	150만 원	대형사이즈 간판 3개 천 갈이, 전체 대형시트
전기/연습실	300만 원	연습실 추가 생성 및 연습실 간격조정, 전기 전체
기타 셀프	100만 원	셀프 인테리어에 필요한 물품들
합계	740만 원	

시간은 늦어졌지만 5천만 원짜리 견적을 740만 원으로 끝냈다. 공사 기간은 딱 일주일 걸렸으며 간신히 개원 일정에 맞출 수 있었다. 지금 생각해 보면 공사가 엎어진 것이 다행이었다. 욕심을 버리면 최소한의 인테리어를 통해서 큰돈을 쓰지 않고도 예쁜 학원을 만들 수 있다.

인테리어 - 기존

인테리어 - 수정

인테리어 꿀팁! - 메인 출입문 위치의 중요성

　의정부에서 인수할 학원을 보는데, 학원은 학교 정문 앞에 위치해 있었지만 출입문이 건물 뒤편에 있어 아이들과 학부모님이 출입하는 데 불편함이 있어 보였다. 상담을 유리하게 하려면 출입이 편리해야 한다. 그래서 나는 인수계약을 하기도 전, 답사 차 학원을 갔을 때 이미 이곳을 계약하면 무조건 건물 앞으로 출구를 낼 것이라 다짐했다. 인수 후 연습실 1개를 철거하고 출입문을 내었다. 결과는 대성공이다.

지나가는 사람들이 학원 내부를 볼 수 있어서 접근이 용이하며, 학부모님들의 상담이 있을 경우 즉각적인 응대도 가능하다. 내가 인수하기 전, 이 학원의 거래가 원활히 이루어지지 않았던 것은 출입문의 영향이 컸다고 본다. 이후 예닮음악학원 의정부원의 출입문은 건물 앞뒤로 두 개가 되었다.

출입문 공사 전

출입문 공사 후

셀프 아크릴 스카시 시공하기

인테리어 업체에서 제작해주는 것으로 알고 있었던 아크릴 스카시는 적은 금액으로 직접 시공할 수 있다. 금액은 글자 크기와 글자 개수에 따라서 산정되는데, 양면테이프가 부착되어 있어 테이프 제거 후, 매우 간단하게 부착할 수 있다. 사이즈에 따라 금액이 다르지만, 평균적으로 글자 하나당 3천 원 정도로 예상하면 된다. 네이버 검색창에서 '아크릴 스카시'를 검색하면 다양한 업체에서 판매 중인 아크릴 스카시를 구입할 수 있다.

아크릴 스카시

인테리어에 조금씩 변화를 주자

나는 두 달에 1회씩 학원에 변화를 주고 있다. 거창한 인테리어가 아니다. 책상 배열을 바꾸거나 장식품을 새로 비치하는 등, 하나 이상의 변화를 주려고 노력한다. 이러한 변화는 끊임없이 우리 학원이 살아 움직이고 있다는 것을 보여주는 것이고, 그것은 곧 원장의 학원에 대한 애정, 열정을 보여주는 것이라고 생각한다. 실제로 대부분의 아이들은 이러한 변화를 매우 흥미로워한다. "다음 달엔 우리 학원이 어떻게 바뀌어 있을까?", "다음 달엔 내가 먼저 바뀐 부분 찾아야지!"와 같은 반응을 이끌어낼 수 있는데, 이러한 반응들이 쌓이고 쌓여 아이들도 학원에 애정을 갖게 되어 '내 학원'이라는 소속감을 갖게 된다.

슬리퍼 바꾸기

방향제 놓기

배너, 현수막 설치

실외어닝 설치

책상, 의자 바꾸기

책상 배치 바꾸기

액자나 사진 붙이기

포토존 만들기

칸막이 공사 (전, 후)

학원 벽면을 사진으로 채워보자

사진이 주는 효과는 놀랍다. 콩쿠르 입상자 현수막이 학원 외벽에 부착된 것과 같은 효과를 준다. 아이들의 단체 사진과 개별 사진, 행사 사진 등을 포함한 학원과 관련된 여러 가지 사진들을 뽑아 벽면에 부착한다. 이때 빠지는 아이들이 없도록 가급적 모든 아이들의 사진을 찍도록 한다. 아이들이 자주 지나가는 게시대쪽이나 입구쪽 벽면에 부착해두는 것이 좋다.

아이들은 학원에 오자마자 자기 얼굴 찾기에 바쁘다. 신기하게도 가끔 학원에 친구 따라 놀러오는 아이들도 본인의 얼굴이 붙어 있었으면 좋겠다고 말하는 경우도 있다. "내 친구 지은이의 얼굴도 있고, 하연이의 얼굴도 있어. 내 얼굴도 붙었으면 좋겠다"라고 말이다. 그럴 땐, "우리 학원에 다녀야 사진을 뽑아줄 수 있어~ ㅇㅇ이도 우리 학원 다니고 싶어?"라고 물어보면 100 중 99는 다니고 싶다고 말한다. 이렇게 자연스럽게 학원등록으로 유도된다.

학부모님들이 상담을 위해 방문할 때에도 학원 행사를 눈으로 직접 확인할 수 있고, 아이들의 해맑은 모습으로 가득 찬 사진을 보면 그 밝은 분위기에 이끌려 등록 확률도 높아진다.

벽면에 부착한 아이들 사진

학원 명찰 사용

명찰이 있고 없고의 차이는 크다. 명찰이 있음으로 알게 모르게 내 직위에 대한 책임감이 커지고, 학부모들에게는 체계적, 전문적이라는 느낌을 준다. 음각으로 새겨지는 명찰을 많이 사용하며, 금액은 개당 10,000원에서 12,000원 선이다. 개인적 의견이지만, '파트강사', '전임강사' 등의 직위만 새기는 것보다, 전임강사 ㅇㅇㅇ과 같이 이름을 새기는 것이 더 좋다.

세 번째 예닮음악학원 인테리어

프라자 공실에 공사를 시작하게 되었다. 내가 원하는 대로 공간을 짤 수 있었고, 원하는 동선과 콘셉트에 맞춰 하나부터 열까지 만들어낼 수 있었다. 공실이었기 때문에 철거비가 발생하지 않았고, 2020년 당시 시세로 평당 150만 원 정도의 견적을 받고 공사를 진행하였다. 도면과 3D시안을 받고, 본격적인 공사 시작부터 완공까지 약 4주가 소요되었다. 인테리어를 진행하는 동안에 기존 위치의 학원에서 공백 없이 수업을 진행하였으므로 휴원기간이 발생되지 않았다.

항목	비용	비고
인테리어	6,000만 원	평당 150만 원, 학원 내 모든 가구 포함
에어컨	480만 원	시스템 에어컨 1대, 기존 에어컨 이전 설치 1대
소방	442만 원	방 22개 기준, 소방점검에 필요한 모든 설비
피아노 추가 구입	2,000만 원	피아노 교체 및 추가 구입 (야마하 그랜드/업라이트 포함)
간판 재제작	230만 원	천갈이 간판, 안내판 등
합계	9,152만 원	

네 번째 유어피아노음악학원 인테리어 (부분)

학원을 확장 이전하고 2년이 지난 2022년 여름, '예닮음악학원'은 새로운 프랜차이즈 '유어피아노음악학원'이 되었다. 새롭게 시작된 프랜차이즈 사업으로서, 유어피아노음악학원은 이전 학원과 완전히 다른 분위기로 변화를 꾀했다. 특히 유어피아노는 프랜차이즈이므로 한 번 콘셉트가 결정되면 전 지점에 동일하게 적용될 것이기 때문에 더욱 많은 고민을 할 수밖에 없었다.

유어피아노가 내세우는 프리미엄 음악 교육을 잘 드러낼 수 있는 모던하면서도 고급스러운 콘셉트를 결정한 후, 기존 메인 홀을 전체 철거하고, 연습실들의 구조는 유지하는 방향으로 최소한의 부분만 리모델링을 진행하였다. 코로나를 기점으로 인테리어 자재뿐만 아니라 인건비에서도 가격 인상이 있었기 때문에 홀 리모델링에만 대략 2,000만 원 정도의 금액이 소요되었다. 짧은 여름 방학 기간에 공사를 시작하였고, 약 2주 반의 공사 기간 동안 수강료는 차감 처리하였다.

다섯 번째 유어피아노음악학원 다산점 인테리어

프랜차이즈 음악학원 유어피아노를 런칭하고 난 이후, 첫 번째 가맹점이 문을 열었다. 바로 남양주 다산점이었다. 신도시에서 학원을 운영해 본 경험은 없었던 터라, 다산점 오픈은 나에게 큰 도전이었다. 신도시에서의 첫 도전이라는 것뿐만 아니라 프랜차이즈 첫 가맹점이기에 무조건 성공시켜야 한다는 부담감도 컸기 때문이었다.

신도시는 보증금과 월세 자체가 높고, 관리비 또한 높게 책정되어 있는 경우가 많아 초기 비용과 유지 비용에 많은 예산을 투입해야 한다. 먼저, 시그니처 콘셉트를 재정비하였다. 모던한 콘셉트는 기존대로 유지하되 따뜻한 색감의 핑크와 하얀색을 적절히 섞은 유어피아노만의 색깔을 담았고, 아치가 주는 심리적 안정감을 홀의 모든 부분에 접목시켜 학원을 찾는 아이들이 편안함을 느낄 수 있도록 하였다. 실내외 사인물 역시 직선을 최대한 배제하여 곡선으로만 제작하였다. 다산점에서 만들어진 콘셉트를 메인으로 하여 전 지점에 도입해야 하기 때문에 그만큼 더 많은 공을 들일 수밖에 없었다. 냉난방 덕트 시공은 공사 초기에 시작하지 않으면 추후에 더 큰 비용을 투자하여 시공해야 하므로 초기 투자 금액이 높아지더라도 과감히 투자하길 권장한다.

항목	비용	비고
인테리어	7,400만 원	평당 200만 원, 학원 내 모든 가구 포함
실내외 사인물	800만 원	간판, 실내 사인물, 게시판 등
에어컨	1,400만 원	시스템 에어컨 1대, 각 방 냉난방 덕트
소방	500만 원	방 18개 기준, 소방점검에 필요한 모든 설비
피아노	2,300만 원	야마하 그랜드 피아노 1대, 야마하 업라이트 1대, 삼익/영창 업라이트 15대
교재 셋팅	100만 원	오픈 초기 교재 셋팅
비품 구입비	800만 원	학원 내 모든 비품
마케팅비	1,000만 원	학원 홍보물 제작 및 온/오프라인 홍보 비용
합계	14,300만 원	* 보증금 별도

공간, 그것은 새로운 경험

"좋은 공간 경험이 곧 교육이다."

– 건축가 김경인, 『공간이 아이를 바꾼다』

우리는 원하든 원치 않든 하루의 시간을 보낼 때 특정 공간에 머물게 된다. 가족들과 함께 보내는 집, 그리고 친구들 혹은 동료들과 보내는 학교나 직장. 이 두 곳이 일반적으로 가장 많은 시간을 보내는 장소일 것이다.

이렇게 공간에 대한 생각을 할 무렵부터 이왕이면 내가 머무는 공간이 특별하고 가치 있는 공간이면 좋겠다는 바람을 갖게 되었고, 아이를 키우는 입장에서 우리 아이가 긴 시간을 보내는 공간은 어떨까 하는 의문이 떠오르게 되었다.

학교를 떠올려 보았다. 아이들이 의무적으로 가는 학교의 시설은 사용자보다는 관리자의 관점이 반영되어 있으므로 효율적인 통제가 가능한 공간이다. 심지어 학교는 스스로 선택한 곳도 아니지만 하루 중 가장 많은 시간을 보내야 하는 공간인데, 이곳이 아이들에게 긍정적인 효과를 줄 수 있을지 의문이 들었다. 나의 유년 시절을 돌아보아도 지금보다 더 열악한 무채색의 공간이 떠오를 뿐이다.

주거 공간은 어떠한가. 하루 중 가장 많은 시간을 보내는 또 다른 공간이 주거공간이다. 장기적으로도 쉽게 바뀌지 않는 곳이며 적게는 몇 개월, 많게는 평생을 머무르는 공간이다. 이러한 공간은 즐거움과 특별함보다는 편안함을 제공해주어야 한다. 많은 컬러와 요소들은 오히려 불안정하게 보일 수도 있으니 적은 소재와 컬러의 통일성으로 오랫동안 질리지 않는 안락함을 가치의 최우선으로 두어야 한다.

반대로 상업 시설에는 잠시 머무르는 그 찰나의 시간에 확실하게 각인될 수 있는 요소가 필요하다. SNS에서 핫플레이스로 인기가 있는 곳은 하나같이 독특하다 못해 신기할 정도의 공간으로, 사람들의 입소문들 타고 명소가 된다. 기업들 역시 팝업스토어라는 일시적이며 한정적인 공간에서 가장 효과적으로 브랜드의 가치를 표현하며 공간에서 다양한 경험을 제공한다.

교육 공간은 조금 다르게 상업 공간의 독특함과 주거 공간의 안락함이 접목되어야 한다. 왜냐하면 이 공간에서는 강사와 아이들이 각각 관리자와 사용자로서 장시간 머무는 이와 단시간 경험하는 이로 나뉘게 되기 때문이다. 관리자 입장에서는 오랜 시간 머물러도 편안함을 유지할 수 있어야 하고, 사용자 입장에서는 새로운 경험을 할 수 있는 요소가 필요하다.

공간은 특별해야 한다. 그 공간만의 매력을 느낄 수 있는 요소가 필요하다. 그러기 위해서는 전제로서 공간에 대한 존중이 필요하다. 그저 물건을 적재하는 창고와 같은 공간이 아닌, 내가 바라보고 손길이 닿는 모든 곳에서 좋음을 느낄 수 있어야 한다. 공간의 가치를 존중하고, 기능은 물론 심미적 요소를 충분히 적용해야 한다.

이전과 달리 우리는 그저 기능만 갖춘 것에 대해서 아무런 흥미를 느끼지 못

한다. 소위 말해 '예쁘게' 보여야 한다는 것이다. 이런 심미적인 요소로 인해 사람들의 관심을 유도하고, 사용자는 공간에서 만족감을 느끼게 된다.

이런 모든 요소를 충족하기 위해서는 이를 존중해주는 의뢰인과 함께, 한정된 재화와 분배를 통해 보다 효율적인 공간을 만들어가는 공간 디자이너의 역할이 필수적이다.

공간은 나를 표현한다. 일반적인 상품의 금액보다 수십 배는 비싼 럭셔리 브랜드의 제품에 가치를 부여하는 건, 그 제품을 사용하는 주체인 본인의 가치를 존중하기 때문이다. 공간 역시 마찬가지이다. 내가 머무는 공간은 나의 가치를 나타낸다.

지난 추억을 회상할 때 언제나 일련의 사건 속에서 우리는 언제나 특정 공간에 머물러 있다. 그 경험의 배경이 되는 장소가 아이들에게 행복한 기억이 되길 바란다.

최제범 대표_ SDPLAN 인테리어

05

브랜딩

브랜딩의 의미

브랜드(Brand)는 원래 가축을 구분하기 위해서 자신의 가축에 인두로 문양이나 이름을 새기는 것에서 시작되었다. 즉, 브랜드는 내 소유를 증명하는 수단이었다. 현재에 와서는 그 의미가 넓게 사용되고 있는데, 오늘날 브랜드는 나 또는 회사, 내가 만든 물건 등의 정체성을 드러내는 것으로 만들어져, 이름뿐만이 아니라 메시지와 가치를 드러내게 된다.

브랜딩(Branding)은 브랜드를 만드는 일련의 과정을 뜻하는 것으로, 고객의 머리에서 시작해서 감정으로 느낄 수 있는 것으로 세워나가야 하는 것이 중요하다. 고객들은 특정 브랜드에서 신뢰감, 충성도, 편안함 등의 감정을 느끼며, 그 감정을 통해 브랜드의 가치와 이미지를 부여하게 된다.

브랜딩의 시작

인구는 계속 줄어들고 있고, 음악은 중요하긴 하지만 필수적이지는 않은 것 같은 대접을 받고 있다. 이러한 때에 주로 유치부와 초등 저학년을 메인 타깃으로 하는 음악학원들은 앞으로 어떻게 살아남을 수 있을 것인지 꾸준히 고민하고 연구해야 한다. 학원의 운영을 위해 가장 먼저 생각해야 하는 것이 바로 브랜딩이다.

그저 그런 동네 학원으로 존재할 것이 아니라 내 학원을 하나의 브랜드로 만들어보는 것이 어떨까. 사람에게 별명을 붙이듯 내 학원의 모토를 시각화한 로고, 내 학원의 콘셉트를 언어화한 슬로건을 만들어보자. 거창하고 그럴듯한 것이 중요한 것이 아니라 나의 교육관을 로고와 슬로건 안에 얼마만큼 녹여내느냐가 중요하다. 로고는 한 눈에 내 학원의 모토를 드러내야 하고, 슬로건은 '나 다운' 것이 과연 무엇일까 고민해보고, 절대 흔들리지 않는 본질을 기반으로 '지속 가능' 해야 한다. 그렇게 로고와 슬로건이 완성되었다면, 이제 눈으로 보여 줄 차례다. 온라인이든 오프라인이든 열심을 다해 홍보하고, 학원의 아이들과 학부모님들에게도 우리 학원의 강점을 지속해서 강조하자.

"브랜드는 만드는(making) 것이 아니라 끊임없이 쌓아
가는(building) 것이다."

– 홍성태,『브랜드로 남는다는 것』

유어피아노의 로고와 슬로건

유어피아노의 로고와 슬로건은 다음과 같다.

로고의 의미는 이렇다. 첫째, 엄마와 아이가 함께하고 있는
모습이다. 갓난아기 때부터 성인이 된 이후까지도 아이는 엄마와
뗄 수 없는 관계에 있다. 로고의 가장 큰 부분은 엄마가 아이를
안고 있는 모습을 형상화한 것이다. 둘째, 악보를 읽기 위해 꼭
필요한 높은음자리표와 유어피아노의 'Y'를 결합했다. 유어피아
노와 이곳에 오는 모든 이들이 함께 만들어가는 음악을 형상화한

것이다.

　슬로건인 "너의 피아노, 오늘도 내일도 함께"는 음악이 항상 우리 인생에 함께 있으며, 함께 있어야 함을 표현한 것이다. 유어피아노에서 배우는 음악이 오늘도, 내일도 항상 함께하기를 바라는 마음을 담았다.

　즉, 유어피아노의 로고와 슬로건에는 유어피아노에서 음악을 만나는 모든 이들이 음악과 관계를 맺을 때 가장 친밀한 엄마와 아이의 관계처럼 오늘도 내일도 항상 함께하는 사이가 되기를 바라는, 그래서 음악과 평생 지속되는 관계로 향하기를 바라는 소망이자 목표가 담겨있다.

브랜딩의 힘

학원도 저마다의 특성과 철학을 담아내는 하나의 기업이다. 브랜딩이 학원을 성공으로 이끄는 요인의 전부라고 보기는 어렵지만, 성공으로 이끄는 첫걸음임에는 분명하다.

소비의 경험이 있는 소비자들은 현대인들의 소비를 이끄는 힘이 단연 브랜딩 디자인이라는 점에 모두 공감할 것이다. 우리가 어떤 상품을 구매하려 할때 당연히 상품의 실용성과 내구성을 고려하지만, 상품 구매를 결정짓는 것은 이보다는 디자인일 때가 많다. 디자인은 이미 포화되어 있는 상품들 중 소비층에게 상품을 선택하게 만드는 가장 큰 요소가 되고 있다.

잘 다져진 체계, 좋은 커리큘럼과 최고의 강사진을 학원에 도입했더라도 소비자의 선택을 받지 못한다면 이것보다 억울한 일은 없을 것이다. 이미 한 프라자 상가에 같은 업종의 학원들이 많게는 4~5개 적게는 2개 정도로 밀집되어 있는 것이 현재 학원 업계의 현실이다. 심지어 필자는 같은 업종의 학원이 같은 벽을 맞대고 있는 경우도 여러 번 보았다. 수많은 학원 원장님들을 만나고 상담하며, 아주 훌륭한 커리큘럼과 가치관을 가지고 학원을 운영하면서도 소비자층에 어필되지 않아 학원이 어려운 경우를 너무 많이 보았다. 다년간 '우리는 어떻게 소비자를 공략하여 우리 학원을 선택하게 해야 할 것인가', '현대 경쟁 사회에서 우리는 어떻게 소비자의 선택을 이끌어 낼 것인가'를 연구해온 결과를 소개하려고 한다.

브랜딩의 시작, 어떤 것부터 준비해야 될 것인가.

step 1. 네이밍(naming)

브랜딩의 시작이라고 해도 과언이 아니다. 단순히 '예쁜 이름'을 선택하는 것
보다 우리 학원이 나타내고자 하는 가장 핵심을 학원 상호명에 넣어보기를
추천한다.

이름은 첫 번째로, 기억에 남는 이름이어야 한다. 두 번째로, 부르기 쉬어야
한다. 세 번째로, 학원이 가지고 있는 신념과 주 고객층을 어떻게 정할 것이
냐에 따라 선택되어야 한다. 예를 들어, 유아 중심의 고객을 타깃으로 하는
음악학원에서 이름을 명문대음악학원이라고 짓는다고 가정해보자. 소비자
는 이 학원을 유아 전문학원이라고 보기 어려울 것이다.

step 2. BI(로고 디자인)

BI는 'Brand Identity' 앞글자를 딴 약자로서 사전적인 뜻은 '브랜드의 정체
성'인데, 기업의 제품이나 서비스에 대한 특성들을 시각 또는 디자인 작업을
통해 브랜드 이미지를 통합하는 작업을 뜻한다. 쉽게 말해서, 우리가 흔히 알
고 있는 '로고 디자인'이라고 보면 된다. 필자가 처음 사이니지 업체를 운영
하기 시작할 때만 해도 BI나 로고 디자인에 대한 인식이 자리 잡고 있지 않았
다. 예쁜 심볼이나 로고 디자인이 있으면 아무렇지 않게 카피하여 사용하는
경우도 많았고, 계속 같은 피아노 형태의 로고를 한 업체에 찍어내서 사용하
기도 하였다.

로고 디자인을 포함한 브랜딩을 옥외광고에 도입한 이유도 이러한 영향이

가장 컸다. 색깔만 바꾼 같은 디자인의 옥외간판, 같은 BI에 상호명만 바꾼 옥외간판이 너무 흔하였다. 한마디로 말해 색깔 없는 학원이 너무나 많았다는 것이다.

로고 브랜딩 서비스를 제공하면서 다채로운 학원의 특성과 철학을 외부에도 담아낼 수 있게 되었다. 그러면서 학원도 하나의 브랜딩을 가진 기업으로 발돋움했다고 생각한다. 로고는 학원이 갖는 상징이다. 또 잘 만들어진 로고 브랜딩은 학원을 체계적으로 보이게 한다. 로고 디자인에 어떤 상징과 철학을 담을 것인지 구체적으로 그려나갈수록 브랜딩 디자이너와의 협업이 잘 이루어진다. 구체적인 고민과 목적이 분명한 철학을 담을수록 좋은 브랜딩을 할 가능성이 커진다.

step 3. 브랜딩 컬러(Branding color) 선택

지금처럼 브랜딩이 다양해지는 시대에 컬러는 나만의 브랜딩을 표현하는 데 굉장히 중요한 요소로 자리매김하고 있다. 예를 들어 주황색을 보면 우리가 에르메스를 떠올리고, 파란색을 보면 삼성을 떠올리는 것과 같다. 색상이 주는 첫인상은 생각보다 사람의 느낌(feeling)에 많은 영향을 준다. 빨간색은 열정을 느끼게 하고 분홍색은 따뜻함과 여성스러움, 돌봄 등의 인상을 가져다준다.

학원도 업종에 따라 선호하는 색상이 많이 달라지는데, 클래식을 가르치는 피아노학원에서 가장 선호하는 색상은 차분함을 안겨주는 베이지 또는 브라운 계열, 밝고 낙천적인 느낌의 노란색, 따뜻함과 편안함을 가져다주는 분홍색 등이 가장 인기가 있다. 반대로 수학이나 영어를 가르치는 과목들은 보다 전문적인 느낌을 주기 위해 파란색이나 초록색(성장의 의미) 부류의 색들을 선호한다.

이처럼 색이 주는 인상이 굉장히 뚜렷하다는 것을 우리는 알 수 있다. 특히 옥외광고에서 컬러는 중요하게 생각하는 광고 요소에 속하는데, 첫 번째, 프라자 상가인 경우 옆집과 윗집 프렌차이즈 등과 같은 색상은 피하는 게 좋다. 두 번째, 컬러를 전체적인 파사드(facade, 건물 출입구 정면 외벽)로 통일하여 통일감을 주는 것이 가장 중요하다. 또 가장 주의할 점은 브랜딩 컬러 주제 색을 한 가지로 선택한 후 그에 맞는 보조 색을 두 가지 이상 선택하지 않는 것이다. 같은 톤과 계열을 사용하여 통일성과 상징성을 잃지 말아야 할 것이다.

브랜딩이 가져다주는 힘은 소비층에 대한 어필과 단순한 심미성만이 아니다. 잘 기획된 브랜딩은 학원에 있는 직원들에게도 편안함을 안겨주고, 또 더 좋은 인재를 채용하는 데에도 영향을 준다. 기업이나 학원을 운영하는 오너가 브랜딩에 대한 자부심과 철학을 담아내지 못한다면 사업체는 목적이 불분명해질 것이다. 잘 그려진 브랜딩은 오너에게 사업체에 대한 자신감과 자부심을 가져다주어서 학원을 성공으로 이끄는 핵심 요소가 될 것이다. 이 책의 글을 읽은 모든 분들이 브랜딩의 중요성을 알고 학원 성공에 한걸음 가까워지길 바라고 기도한다.

이혜린 대표_ 간판에 브랜드를 입히다 사인엘

06

교재 선정

나에게 잘 맞는 교재 선택

교재 선정은 쉽지 않았다. 교재는 한 번 정하면 바꾸기가 쉽지 않기에 한 달 동안 대형서점에 왕래하며 어떤 교재가 좋을지 살펴보았다. 수없이 많은 교재들 중에 '나는 어떤 교재를 써야 잘 가르칠 수 있을까'를 가장 먼저 생각했다. 그중 처음 보는 교재에 눈길이 갔다. 그 교재는 예솔출판사의 『피아노 석세스』라는 교재로, 당시 출판된 지 얼마 되지 않은 새로운 교재였다. 작곡을 전공한 나는 피아노를 막 배우는 아이들이 틀에 갇힌 화성 안에서 무언가를 하는 것보다, 폭넓게 다양한 경험을 시도하면서 배우는 것이 창의력 발달에 긍정적인 영향을 줄 것이라 생각했다. 그리고 그러한 믿음으로 『피아노 석세스』라는 교재에 매력을 느끼기 시작했다. 교재를 『피아노 석세스』로 결정한 이후 원저자 세미나 및 교재 소개 세미나 등을 다니며 교재를 연구했다. 나중에는 필요에 의해 피아노 석세스 전문교사자격증을 취득하였다.

시중에 나와 있는 교재들 중에서 자신에게 맞는 교재를 찾아 결정하는 것을 추천한다. 교재에 대한 판단은 주관적이기 때문에 어떤 교재를 쓸 것인가, 어떤 구성으로 쓸 것인가는 가르치는 본인이 결정해야 한다. 그만큼 교재에 관한 연구가 필수적이며, 교재를 선정한 이후에도 끊임없는 시도가 필요하다.

『피아노 석세스』 교재

저자가 느끼는 『피아노 석세스』 교재의 장점

교육을 시작하는 연령이 점차 낮아지고 있다. 6~7세부터 하루에 두세 군데 이상의 학원에 다니고 초등학생이 되면 더 많은 과목의 학원에 다니며 살인적인 스케줄을 소화해낸다. 이때 국어, 영어, 수학 등 중요하다고 생각하는 과목의 학원에 밀려 가장 먼저 끊게 되는 것이 예체능학원이라고 해도 과언이 아닐 것이다. 따라서 타 과목에 밀리지 않는, 보다 경쟁력 있는 음악교육이 필요하다. 이럴 때 필요한 교재가 바로 『피아노 석세스』이다.

아이들이 즐겁게 피아노를 배우면서 흥미를 잃지 않도록 유도하는 것이 가장 중요한데 『피아노 석세스』는 흥미와 교육, 두 가지를 다 잡은 매우 훌륭한 교재이다. 일반적인 기초 단계에서 다루기 어려운 프레이즈 표현, 페달, 화음 구성들을 쉽게 풀이하여 설명하였고, 각 곡마다 아름다운 반주가 더해져 아이들의 흥미유발에 매우 긍정적인 효과를 준다.

실제로 내가 지도하는 학생들을 보면, 『피아노 석세스』로 기초를 다진 아이들은 교재 첫머리부터 다양한 화성과 테크닉을 접하여 청음 실력과 독보력이 타 교재로 배운 아이들보다 월등히 높았다. 본인의 노력으로 악보를 혼자서도 잘 보고 칠 수 있고, 교재에 수록된 연주곡 대부분의 편곡이 재미있어서 자연스럽게 흥미도도 올라가게 된다. 이렇게 『피아노 석세스』로 학습하는 동안 아이들은 어려움 없이 피아노를 배우게 되며 이탈할 확률도 상당히 적다. 그러나 학부모님들은 체르니를 피아노 학습의 기준으로 생각하기 때문에 기초과정 이후에는 체르니로 연결하는 경우가 많다. 그래서 『피아노 석세스』는 7급까지 구성되어 있지만 일반적으로 3급까지만 사용하게 된다. 아쉬운 부분이다.

『피아노 석세스』의 연주곡은 대부분 선생님과 듀엣으로 연주하도록 반주가 마련되어 있기 때문에 그 수준에서 연주할 때 들어보기 어려운 풍성한 음악을 경험할 수 있게 된다. 아이들은 단순한 멜로디를 연주하지만 아름다운 반주가 얹어지면 상상하지도 못했던 아름다운 음악에 매료되기 시작한다. 이렇게 완성된 음악은 두 달에 한 번 동영상 촬영 후 학부모님들께 보내드리게 되는데, 그때마다 아이의 연주 실력을 칭찬하며 가르치느라 고생이 많으시다는 격려의 답장이 오곤 한다.

이렇게 『피아노 석세스』는 테크닉과 흥미, 두 가지 토끼를 다 잡은 교재로서 학원 운영에 긍정적인 영향을 준다고 확신한다.

학원에서 『피아노 석세스』 사용 꿀팁

요즘에는 '교재의 홍수'라 부를 수 있을 만큼 피아노 분야에 다양한 교재가 있다. 바이엘은 물론이거니와 피아노 어드벤처, 알프레드, 프리미어, 피아노 아카데미아 등 여러 가지 기초교재들이 쏟아져 나오고 있다. 모든 교재는 저자와 출판진의 피·땀·눈물로 공들여 만들어졌다. 그만큼 좋은 교재들이 많다는 뜻이다. 문제는 가르치는 교사가 어떻게 가르치느냐인데, 『피아노 석세스』의 경우 각 급수에 따라 병용 가능한 교재들이 정해져 있다. 그중 몇 권은 딱 개인레슨용이란 생각이 들기도 한다. 그래서 학원에서는 사용하지 않는다. 모든 교재를 다 쓰는 것이 좋긴 하지만 그러려면 개인레슨을 하는 것이 맞다. 그러니 학원의 현실에 맞는 책들을 잘 골라서 사용하면 된다.

나는 『피아노 석세스』의 이론관련 교재보다는 피아노 관련 교재들을 특히 선호한다. 『피아노 석세스』 1급에 수록된 곡들은 길이가 8마디로 되어 있는 경우가 많아 아이들이 지루함 없이 피아노를 재미있게 연주할 수 있다. 그러나 이론교재는 두께가 얇고 필기할 수 있는 필기량이 적어 학원용으로는 적합하지 않아 굳이 추천하지 않는다.

피아노학원에 등원함과 동시에 어제 배웠던 곡을 15번씩 친다. 이렇게 하면 '레슨과 테크닉' 교재 1곡, '리사이틀' 교재 1곡으로 총 30번 연습을 하게 된다. 새로운 곡으로 넘어가게 되면 다시 한번 각 곡을 15번씩 연습하게 한다.

『피아노 석세스』 연주 영상

체르니 단계에서의 교재 사용

나는 교재에 대한 욕심이 있다. 그리고 한번 꽂히면 바꾸기 어렵기도 하다. 그래서 처음에 교재를 정할 때 많은 생각과 연구 후에 교재를 결정한다. 기초 과정은 『피아노 석세스』이기 때문에 구성에 관한 걱정이 없었지만, 체르니 단계는 그렇지 않았다. 수많은 출판사들의 하농, 체르니, 소나티네 교재들이 있으므로 어떤 교재를 골라야할지 처음에는 막막했었다. 하지만 리스트를 작성하고 나니 결정하는 데엔 큰 어려움이 없었다.

1) 보기 좋은 교재

음표의 간격과 각 단의 간격이 지나치게 좁지 않으며, 전체가 컬러 인쇄로 된 교재들로 골랐다. 나 같아도 이 악보로는 피아노 치기 싫겠다 싶은 교재들, 지루함과 촌스러운 느낌을 주는 흑백 교재들은 피했다. 수록곡과 구성, 편곡이 아무리 좋더라도 초등 학생 아이들이 주로 쓰는 교재이기 때문에 디자인을 잘 살펴봐야 한다. 컬러라 하더라도 악보에 지나치게 그림이나 설명이 많은 교재는 피하는 편이다.

2) 난이도

적당한 난이도의 교재를 찾는 것이 중요하다. 너무 쉬운 교재를 쓰면 아이들의 발전이 미미하고, 너무 어려운 교재를 쓰면 피아노가 어렵다며 금방 포기하게 된다. 단계별로 구성된 교재를 추천한다. 첫 권에서 적당한 난이도로 나온 교재는 다음 권도 그에 맞춰 잘 구성이 되어 있기 때문에 그 교재의 1권이 어떤 난이도로 나왔는지 파악해보는 것이 좋다.

아이들은 항상 지금 레슨 받고 있는 교재를 빨리 끝내고 다음 권으로 넘어가고 싶어 한다. 새 책에 대한 욕심, 그리고 저 친구보다 내가 더 높은 권을 친다는 자부심, 저 친구가 치는 곡을 나도 치고 싶다는 열심 등, 교재만 잘 선택해도 아이들끼리 선의의 경쟁이 저절로 생긴다.

3) 수록곡 및 편곡

전공의 영향도 있겠지만 교회반주를 오래 하면서 자연스럽게 습득된 화성에 관한 감각이 교재를 결정하는 데 중요한 영향을 주었다. 수록곡이 유명하지 않거나 아이들이 잘 모를 만한 노래들로 가득 찬 교재들은 피했고, 귀에 많이 익은 노래로 난이도는 적당하고 화성의 구성이 탄탄하며 편곡이 잘 되어 있는 교재를 선별했다. 역시 곡이 좋아야 아이들이 재미있어 한다.

저자의 실사용 교재 및 하루 연습량

기초과정 교재: 피아노 석세스 레슨과 테크닉, 리사이틀 (1~3급)
연습횟수: 연습 횟수는 최소 5번부터 20번까지로 원생의 나이와 성향, 진도 속도 등에 따라 유동적으로 조정한다. 유치부들은 반복 연습 자체를 힘겨워하기 때문에 짧은 단위로 나누어 5번씩 여러 번 레슨/연습이 가능하도록 세팅하고, 주위를 자주 환기해주는 것이 필요하다.

체르니과정 교재: 하농, 체르니, 소나티나, 코드반주, 뉴에이지(레퍼토리)
연습횟수: 각 교재는 최소 5~15번씩 반복 연습한다. 곡의 길이와 원생의 성향에 따라 유동적으로 조정하며, 요일별로 정해진 교재를 레슨/연습한다.

학원 운영 초창기에는 진도카드에 색칠하는 방식으로 수업을 진행했다면, 현재는 레슨볼을 사용하여 연습 횟수를 체크하고 있다. 레슨볼을 활용하게 되면 연습실과 피아노 건반의 낙서가 현저히 줄어들게 되고, 진도카드의 불필요한 낭비를 막을 수 있다는 장점이 있다. 진도카드에는 교재명, 곡명, 레슨 횟수만 기재한다.

레슨볼을 활용한 레슨 횟수 체크

저자의 장르별 추천 도서

교회 반주: 피아노 예배자 1~4(크로씽), 오화평 가스펠 연주곡집 1, 3(예솔출판사), 문지현의 찬송가 편곡집 1, 2(예솔출판사)

하농: 플러스 어린이 하농(아름출판사)

체르니: 세상의 모든 간추린 체르니(음악세계), 레슨포인트 간추린 체르니(세광출판사)

소나티나: 어드벤처 소나티나 1~3(뮤직어드벤처), 알레그로 소나티나 1~4(세광출판사), 홍예나의 콩쿠르곡집(삼호뮤직), 나우 플레이 시리즈-모차르트 연주곡집, 베토벤, 쇼팽, 하이든 편곡집(예솔출판사), 샛별 쌤의 오늘은 콩쿠르 초급, 중급, 고급(음악세계)

뉴에이지: 처음 만나는 뉴에이지 피아노곡집 초급, 중급, 고급(태림스코어), 조지영의 뉴에이지 초급, 중급, 고급(세광출판사)

재즈: 주간 오화평 악보집(예솔출판사), 윤지희의 마이 페이보릿 송(예솔출판사)

음악 노트: 종합음악이론 1~10(일신서적출판사), 영재음악이론(현대음악출판사)

학원 개원 시 필요한 비품 목록

출석부, 달력, 계산기, 장부, 연필, 지우개, 볼펜, 점보롤티슈 거치대, 점보롤티슈(교체 주기가 길어 추천), 물티슈, 냉온수기/정수기, 일회용 종이컵 혹은 플라스틱 컵, 쓰레기통, 쓰레기봉투, 재활용품 분류함, 선풍기/히터, 가구광택제, 청소기, 구급상자, 실내용 슬리퍼, 실외용 슬리퍼, 액자(사업자등록증, 졸업증명서, 경력증명서 등 비치 시), 목장갑, 비닐장갑, 공구함, 종이컵, 상담용 음료수, 커피믹스, 녹차티백 등

교재를 시세보다 저렴하게 공급받을 수 있는 방법

교재를 구입할 때는 각 지역별 출판사 지사에 문의하면 된다. 도서정가제 시행으로 대부분의 교재들은 판매가의 20% 할인된 금액으로 도서를 공급받을 수 있다. 각 출판사마다 정해둔 할인율에 따라 달라지므로 거래하고자 하는 출판사에 개별적으로 문의하면 된다. 주문 권수의 제한은 없지만, 일명 "책아저씨"께서 직접 학원까지 가져다주시므로 한두 권의 소량주문은 약간의 눈치가 보일 수 있다. 교재를 살펴본 후 마음에 들지 않으면 반품도 가능하다. 또한 요청 시에 출석부, 탁상달력, 액자, 포스터, 진도카드 등도 추가 비용 없이 받을 수 있다. 한번 거래를 하게 되면 끝까지 지속되는 경우가 많기 때문에 좋은 출판사를 선정하여 거래하는 것을 추천한다.

07

강사 채용

원장과 강사의 입장 차이

사업장을 오픈하게 되면 대부분 직원을 채용하여, 긴 시간 동안 함께 일하게 된다. 피아노학원에서는 강사를 채용하게 되는데, 많은 원장들이 가장 힘들어하는 부분이 바로 이 강사 채용과 관련된 것이다. 사실 대부분의 사람은 직접 경험하지 않은 일에 대해서는 모를 수밖에 없다. 학원을 처음 운영하게 되면 생각지도 못했던 일들과 맞닥뜨리게 된다. 강사로 일할 때는 전혀 알지도, 알 수도 없던 일들이 여기저기에서 튀어나온다. 바로 이 부분에서 원장과 강사 입장이 180도 다르기 때문에 의견 차이가 생길 수밖에 없다. 누구나 말을 내뱉기는 쉽다. 특히 직원이 사장에 대해 가타부타 부정적인 말을 하는 경우는 너무나도 많다. 그러나 내가 원장이 되어 강사를 채용하게 되면, 그때야 비로소 원장의 마음을 이해하게 된다. '아 원장님이 이런 이유 때문에 그런 결정을 하셨구나', '내가 너무 생각이 짧았구나'를 깨닫게 되는 순간이 오기 마련이다.

대표적인 예들을 소개해보겠다.

● 수입 관련

강사: 기초원비 × 원생 수=원장의 수익 / 원장님 돈 많이 버는데 나에게 월급은 이것 밖에 안주네.

원장: 월세, 부가세, 관리비, 교재비, 강사 인건비, 각종 렌탈 비용을 지불하고 나면 이거 밖에 안 남네.

대부분의 강사는 사업체를 운영해보지 않았기 때문에 1차원적으로 계산하여 총 매출이 원장의 수익일 것이라고 지레짐작한다. 매출은 매출일 뿐 순수익과는 별개다. 전체 매출에서 모든 지출을 빼야 순이익의 산정이 가능하다. 눈에 보이지 않는 지출도 상당하기 때문에 학원의 규모가 크면 클수록 고정지출의 부담이 커진다.

● 교육 관련

강사: 아이들은 피아노를 제대로 치지도 못하고, 원장은 놀고

먹는 것 같아.

원장: 혼자 운영해도 될 인원임에도 강사를 채용한다는 것은 어찌 보면 큰 투자.

일반적인 피아노학원에서 전공준비생같이 피아노를 정말 잘 치는 아이들은 매우 드물다. 원장의 업무는 레슨만이 아니다. 레슨은 수많은 운영의 갈래 중 하나일 뿐, 학부모들과의 상담, 원생 관리, 교재 주문, 온/오프라인 마케팅, 특강과 행사 기획 등 학원과 관련된 모든 것을 총괄해야 하는 업무의 과중함이 항상 있기 마련이다. 따라서, 강사를 채용하는 원장은 업무의 분담에 대해 근무 전 사전 고지할 필요가 있으며, 강사는 자신의 주 업무가 레슨임을 기억하고 원장이 제시하는 매뉴얼을 준수하도록 하자.

● 청소 관련

강사: 본인 학원이면서 청소는 왜 시키는지 모르겠어.

원장: 바닥 쓸고 건반만 닦아주세요. 다른 곳은 화장실 청소도 시켜, 난 적게 시키는 거야.

어느 직장이든 기본적인 주변 정리는 알아서 하게 되어 있다. 강사들의 공간을 따로 배정하는 학원들도 있지만, 그렇지 않은 학원들이 더 많다. 강사가 청소를 해야 하는지, 하면 안 되는 것인지 정답은 없지만, 대체적으로 급여 수준이 낮은 편인 음악학원의 현실상 강사의 일은 레슨에 더 큰 비중을 두는 것이 맞을 것이다. 만약 강사에게 청소 업무를 분담시킨다면, 상호 협의 하에 추가 급료나 근무시간 조정 등의 조건을 제시하는 것이 좋다. 강사들은 눈에 보이는 자잘한 쓰레기나 정리정돈 등은 원장이 지시하지 않아도 센스 있게 처리해주길 바란다.

내가 좋은 대우를 해줘야 상대방도 최선을 다해 근무할 수 있다. 레슨을 위해 강사를 채용했으면 레슨만 할 수 있도록 최적의 환경을 만들어 주어야 한다. 고급 인력을 저렴한 인건비로 고용하는 것도 모자라 화장실 청소, 학원 청소까지 시키는 것은 너무 지나친 것이 아닐까?

나는 대학생 때 생애 처음으로 학원에 강사 이력서를 넣고 면접을 보았다. 그 원장 부부는 면접 당일 예고도 없이 초견으로 피아노를 연주하게 하고, 자신을 아이라고 생각하고 레슨해 보라고 하였다. 학원 근무 경력과 레슨 경력도 없었기에 너무 당황스러웠지만, 원래 이렇게 하는 것인 줄 알고 면접을 마쳤다. 학원 근무 경력이 한 건도 없던 22살의 초보 강사를 고용한 원장 부부는 근무 첫날부터 강사들을 부려먹기 시작했다. 네 명의 강사들 모두 근무 시간 30분 전까지는 무조건 출근해서 물컵 설거지와 바닥 청소, 바닥 걸레질, 피아노 청소, 유리창 청소, 원장실과 복도

청소까지 해야 했었다. 그땐 그게 당연한 줄 알았다. 물론 인건비도 엄청나게 낮았다. 선생님은 레슨 경력이 없기 때문에 이 만큼 주는 것도 감사히 여겨야 한다면서, 앞으로는 돈 주고 근무하라는 정말 말도 안 되는 소리를 해댔었다. 그렇게 스트레스를 받으며 약 세 달을 근무했던 걸로 기억한다. 월급도 월급이었지만 근무환경이 최악이었다. 사람 대 사람으로서 기본적인 인성을 갖추고 있지 않았던 그 부부는 연이은 강사들의 퇴사를 겪었으며, 강사들 사이에서 악덕 원장 부부라는 수식어를 달고 안주거리로 전락했다. 그로부터 10년 뒤, 내가 주최하는 세미나에서 그들을 만나게 되었다. 그때의 내가 이렇게 될 줄 어디 꿈에나 생각하셨으려나? 인생사 새옹지마다.

어떻게 해도 원장과 강사 사이의 입장 차이가 사라질 수는 없지만 최소한으로 줄일 수는 있다. 원장은 강사였을 때를 기억하고 강사들의 입장에서 생각해보는 것이 좋다. 이런 면에서 원장이 강사를 품어줄 수 있다. 강사 경험이 있는 원장의 수가 원장 경험이 있는 강사의 수보다 절대적으로 많을 것이기 때문이다.

이런 강사, 정말 힘들어요

1) 한 명만 30분 넘게 붙잡고 있는 강사

학원은 개인 레슨을 하는 곳이 아니다. 수많은 아이들이 다녀가는 곳이고, 한번에 아이들이 몰리면 피아노 대수를 초과하는 인원을 정리해야 할 때도 있다. 이럴 땐 빠르고 정확하게 원 포인트 레슨으로 짚어내는 것이 중요한데, 한 명만 주야장천 레슨 하는 강사를 보면 원장 입장에선 속이 터진다. 밀린 아이들이 제 시간에 하원할 수 없으며, 레슨을 받지 못하는 아이들도 생기게 되니 요령껏 레슨 하도록 하자.

2) 웃지 않는 강사

사람의 인상은 굉장히 중요하다. 아이든 어른이든 무표정인 사람에게 다가가기란 여간 힘든 일이 아니다. 편의점에 가도 무뚝뚝한 알바생을 만나면 불편하고 상품에 대한 질문을 하기도 어렵다. 학원도 마찬가지이다. 아이들을 대할 땐 부드러운 미소를 꼭 갖춰야 한다.

3) 아이들을 혼내는 강사

아이들이 기피하는 학원으로 가는 지름길이다. 학원의 전체적인 기강을 위해 원장이 엄할 필요는 분명히 있다. 그러나 강사가 아이들을 혼내는 것은 최대한 자제해야 한다. 학원은 사교육이 이루어지는 곳이다. 학부모들이 원하면 언제든지 끊고 다른 학원으로 옮겨갈 수 있다. 대부분의 학부모들은 아이들이 즐겁게 배우기를 원하기 때문에 아이들에게 소리를 지르거나 감정적으로 대하거나 자주 혼내는 것은 삼가도록 한다.

4) 잠수 타는 강사

면접날 나오지 않거나, 월급을 받은 후 잠수 타는 강사가 꽤 있다. 원장 입장에서 가장 불쾌하고 짜증나는 경우가 바로 이 경우라고 할 수 있다. 사람 대 사람으로서의 기본을 지키지 않는 사람은 어떤 일을 하든 인정받을 수 없다.

5) 핸드폰만 하는 강사

학부모에게 클레임이 들어오는 주요 요인 중 하나이다. "선생님이 레슨 안 해주고 핸드폰만 해요"라는 멘트가 항상 따라온다. 원장 입장에서도 강사가 레슨 중에 핸드폰을 자주 사용하는 것을 보게 되면 엄연한 근무 시간인데 일을 하지 않고 놀고 있는 것은 아닐까 생각하게 된다. 그러니 핸드폰은 중요한 업무가 있을 때만 잠시 확인하는 것으로 하자.

6) 지각하는 강사

출근 시간 전의 출근은 바라지도 않는다. 그래도 정해진 시간 안에는 학원에 출근하도록 하자. 학원이 아닌 다른 일을 하더라도 적용되는 부분이다. 시간 약속은 기본 중의 기본이다.

7) 경조사 거짓말하는 강사

조부모님이 돌아가셔서, 친척분이 돌아가셔서, 병원에 입원을 하셔서 등의 말로 출근하지 않은 강사의 페이스북과 인스타그램에서 친구들과 여행하는 사진이 올라와 있을 때의 어이없음이란… 원장들도 SNS 잘한다. 거짓말하지 말자.

8) 레슨 안 해주고 본인 피아노 연습하는 강사

원장은 시간당 급여를 정해 강사를 채용한다. 따라서 강사는 해당 시간 내에 아이들을 레슨해야 할 의무가 있다. 본인 연습은 근무시간 외에 하도록 하자.

이런 원장, 정말 힘들어요

1) 월급 적게 주면서 부려먹는 원장

강사들의 기피대상 1순위이다. 최저임금 간신히 맞춰주면서 온갖 생색은 다 낸다. 화장실 청소도 시키고, 학원 청소도 시키고, 재활용 쓰레기통 비우기 등 온갖 잡일은 다 시키면서 당연한 줄 아는 원장이 있다. 제발 청소는 원장이 직접 하거나 청소부를 고용했으면 한다. 강사는 피아노를 가르치러 학원에서 초빙한 사람이지 청소하러 온 사람이 아니다. 강사는 센스 있게 신발 정리나 떨어진 쓰레기를 줍는 등의 가벼운 뒷정리 정도는 하자.

2) 아이들 앞에서 강사 혼내는 원장

아이들을 가르치는 선생님으로서의 위신은 강사 본인이 만드는 것도 맞지만 원장도 함께 만들어줘야 한다. 모든 사람이 보는 곳에서 강사에게 쓴소리를 한다면 아이들이 강사를 얼마나 얕잡아보겠는가? 입장을 바꿔보면 알 수 있다. 강사 선생님에게 할 말은 조용한 공간에서 1:1로 하자.

3) 레슨 터치하는 원장

피아노학원 근무가 처음인 강사에겐 원장이 여러 가지 레슨 방법을 알려주게 된다. 그러나 경력자의 경우 레슨에 원장이 직접적으로 간섭하게 되면 불쾌감을 느낀다. 이것은 말투나 뉘앙스에 따라 받아들이는 부분이 다른데, 확실히 잘못된 방법이 아니라면 가급적 강사의 연주나 레슨 방법에 관해서는 언급하지 않도록 한다.

4) 혼자만 간식 먹는 원장

먹는 걸로 치사하게 구는 원장이 실제로 존재한다. 강사에겐 어제 먹다 남은 피자를 주면서, 본인은 스타벅스 샌드위치를 먹는다. 간식 제공이 무조건적인 것은 아니지만, 한 공간에서 같이 일하는 사람들에 대한 배려는 필요하지 않겠는가. 맛있는 간식은 같이 나누어 먹자.

5) 월급 가지고 장난치는 원장

이번 달은 휴일이 많아서, 이번 달은 그만두는 아이들이 많아서 강사의 월급을 자기 마음대로 조절해서 지급하는 원장은 강사를 고용할 자격이 없다. 자신이 고용한 직원의 복지는 원장이 전적으로 책임져 줘야 한다. 강사 월급이 높지도 않은데, 월급은 정확하게 지급하자.

6) 퇴직금을 주지 않는 원장

근로기준법상 주 15시간 이상 1년 이상 근무한 근로자에게는 퇴사 시 1년 치 평균 급여액을 퇴직금으로 책정해서 지급해야 한다. 월 140만 원을 받고 1년을 근무했을 경우 퇴직금은 140만 원, 2년 근무했을 경우에는 280만 원이다. 강사가 당연히 받아야 할 퇴직금을 지급하지 않거나, 매우 낮은 금액으로 지급하는 것은 엄연한 근로법 위반이다.

강사의 월급은 어느 정도가 적당할까?

　노동법이 강화되었다. 자영업자는 죽을 맛이다. 그렇지만 피아노학원가에선 오히려 잘된 일이다. 나는 현재 원장이지만 강사였던 경험이 있다. 언제까지 고급 인력을 시간당 만 원도 안 되는 급여로 부려먹을 셈인가? 피아노학원 강사 월급은 10년 전이나 지금이나 큰 차이가 없다. "우리 학원은 강사님에게 월급을 100만 원 드려요." 라는 말은 자랑이 아니다. 창피한 일이다. 최저 임금에 주휴 수당도 챙겨주지 못하는 악덕 사장인 것을 본인 입으로 밝히는 셈인 것이다. 우리의 가치는 우리가 만드는 것, 우리의 뒤를 이을 후배들을 위해서라도 올바른 급여 체계와 복지의 기반을 지금에라도 다져놓아야 한다.

　주휴 수당을 포함한 최저 임금 예시는 다음과 같다. 여기서 제시하는 예시 금액은 '세전 금액'으로서 4대 보험 또는 3.3% 세금 공제는 별도임을 밝혀둔다. 참고로 주휴 수당은 주근무일수에서 하루도 빠짐없이 근무했을 때만 지급하는 것이다. 강사들이 주휴 수당을 받기 위해서는 결근이 없어야 한다.

하루 근무시간별 월 급여 예시 - 주휴 수당 포함   * 2023년 기준

하루 근무 시간	급여
8시간	2,061,000원
7시간	1,800,000원
6시간 30분	1,670,000원
6시간	1,542,000원
5시간 30분	1,414,000원
5시간	1,285,000원
4시간 30분	1,157,000원
4시간	1,028,000원
3시간	770,000원

원장님들께서는 반드시 근로계약서를 작성하여 계약서 작성 시 급여에 주휴 수당 포함 여부를 꼭 명시하시기 바란다. 이렇게 해둬야 나중에 분쟁이 생기지 않기 때문이다.

다음의 표는 주간 근무 시간에 따른 월급의 예시를 정리한 것이다. 일주일 기준으로 총 근무 시간 대비 예시이다. 이때 기억할 점은, 주 근무 시간이 15시간이 넘을 때는 주휴 수당을 지급해야 한다는 것이다. 아래의 예시 역시 위와 같이 주휴 수당이 포함된 금액이다.

주 근무시간별 예시 – 주휴 수당 포함

주 근무 시간	급여	주 근무 시간	급여
15	770,000원	16	824,000원
17	874,000원	18	926,000원
19	978,000원	20	1,028,000원
21	1,080,000원	22	1,142,000원
23	1,182,000원	24	1,235,000원
25	1,285,000원	26	1,336,000원
27	1,390,000원	28	1,440,000원
29	1,491,000원	30	1,542,000원
31	1,595,000원	32	1,646,000원
33	1,697,000원	34	1,748,000원
35	1,800,000원	36	1,851,000원

* 편의상 1,000 단위 이하 반올림으로 약간의 금액 차이가 날 수 있음
* 1주일에 총 근무하는 시간 대비 예시임
* 예시 금액은 4대 보험 또는 3.3% 세금 공제 전 금액임

주 15시간 이상 일을 하게 되면 '주휴 수당'을 반드시 지급해야 한다. 주휴 수당을 꼭 말씀 드리는 이유는, 근로기준법 제 110조에 따라 주휴 수당을 지급하지 않은 사용자는 2년 이하의 징역 또는 2천만 원 이하의 벌금을 받을 수 있기 때문이다. 하지만, 주휴 수당은 주 근무일수에서 빠짐없이 근무했을 때에만 지급되므로, 강사님들이 주휴 수당을 받기 위해서는 결근이 없어야 한다.

또한 원장님들은 반드시 채용 첫 날에 근로계약서를 작성해

야 한다. 계약서 작성 시 급여에 '주휴 수당이 포함되었는지 여부'를 꼭 명기하여야 나중에 분쟁이 생기지 않으니, 이점 꼭 유념하시기 바란다.

참고로, 레슨인포(www.lessoninfo.co.kr) 사이트를 소개한다. 여기에서는 강사 구인/구직뿐 아니라 매년 최저임금을 구체적으로 명시하여 공지하고 있다. 주휴 수당과 관련된 자세한 내용은 노동청 홈페이지를 참고할 수 있다.

유어피아노의 강사 대우

유어피아노음악학원에서 근무하는 강사는 그 어떤 학원보다 좋은 대우를 해드리고 싶은 마음이다. 다음의 근무 조건표는 2024년 기준이므로, 시간의 흐름에 따라 조정될 수 있다.

내 경우, 근무 시간을 줄이고 급여와 근무 복지를 높이는 방향으로 운영하고 있으며, 강사 선생님들은 아이들의 레슨/관리 위주로 근무하게 된다.

급여 조정 – 전임 175만 원부터, 파트 시급 15,000원부터
　　　　　　　(근무시간별, 지점별 차이 있음)
월차 조정 – 전임 월 1회 (근무시간별, 지점별 차이 있음)

일주일 근무 시간에 따른 급여

	전임강사	파트강사
급여	175만 원부터	시급 15,000원부터
근무 시간	오후 1시부터 6시 (요일 따라 2시부터 6시) 정시 출근, 정시 퇴근	2시부터 5시, 3시부터 6시 등 3시간 근무, 정시 출근, 정시 퇴근
퇴직금 지급 여부	지급	미지급(주 2회 출근)
4대 보험	상호협의	상호협의
주휴 수당	포함하여 지급	포함하여 지급
휴무	월 1회	없음
간식 제공	제공	제공
청소 유무	무	무
보너스	경조사비, 여름/겨울 휴가비	경조사비, 여름/겨울 휴가비
그 외	시간외 근무수당, 행사참여수당	시간외 근무수당, 행사참여수당

학원 세무의 핵심

학원을 운영하다 보면 필수로 진행해야 하는 연례행사들이 있다. 그중 하나가 바로 세무이다. 학원은 부가가치세 면세사업자로서 매해 1월에 사업장현황 신고, 5월에 종합소득세 신고를 해야 하는데, 복잡하게 생각할 것 없이 아래 세 가지만 기억하자.

첫 번째, 학원사업장의 운영자가 1년마다 해야 하는 세금신고

① **면세사업장현황신고** (신고기한: 매년 2월 10일까지)

면세사업장현황신고란, 면세사업자가 직전 1사업연도의 기간에 발생한 수입금액(매출액)과 시설현황 및 인건비, 매입 금액 등을 사업장소재지 관할 세무서장에게 신고하는 것을 의미한다.

② **종합소득세신고** (신고기한: 매년 5월 31일까지)

종합소득세신고란, 개인이 직전 1사업연도의 기간에 발행한 모든 소득에 대해 합산하여 사업장소재지 관할 세무서장에게 신고하는 것을 의미한다.

소득의 종류에는 근로소득, 사업소득, 임대소득, 이자배당소득 등이 있는데, 학원업에 대한 소득은 사업소득에 해당된다.

③ **원천세(인건비)신고** (신고기한: 인건비 귀속 월의 다음 달 10일 또는 반기의 마지막 달의 다음 달 10일)

원천세(인건비)신고란, 사업장을 운영하는 대표자가 근로자의 원천세를 급여에서 먼저 차감하고 차감한 세금을 근로자 대신 국가에 납부하는 제도를 말한다.

원천세신고는 크게 월별신고와 반기별신고가 있으며, 둘 중에서 하나를 선택할 수 있다.

월별신고는 매월 원천세(인건비) 신고 후 세금납부의무가 있는 제도이고, 반기별신고는 반기별로 원천세(인건비) 신고 후 세금납부의무가 있는 제도이다.

두 번째, 학원업종은 현금영수증 의무발행 업종에 해당

학원수강료를 신용카드로 수령하지 않고, 현금 또는 계좌이체로 받는다면 수요자의 요청이 없더라도 현금영수증을 발행해야 한다. (단, 건당 10만 원 이상의 현금거래일 때만 해당)

※ 현금영수증 미발행 시 제재 사항

거래 건당 10만 원 이상임에도 불구하고, 현금거래에 대해 현금영수증을 발급하지 않는다면, 미발급 금액의 20% 가산세가 부과된다.

현금영수증은 소급발행이 안 된다는 점을 유의해야 하며, 다른 세목에 비해 가산세가 크기 때문에 꼭 인지하고 대응해야 한다.

세 번째, 교육비납입증명서 발급

학원을 운영하다 보면 학부모님들께서 교육비납입증명서 발급을 요청하는 경우가 있다. 이는 취학 전 아동에 대한 학원 교육비 지출을 근거로 학부모님 근로소득에 대한 연말정산 시 절세를 위한 수단으로 사용된다. 따라서, 요청이 있을 시 양식에 맞춰 발급하면 된다.

유의할 점은 대상자는 취학 전 아동이고, 초/중/고등학생은 대상자가 아니라는 점을 인지하여 불필요한 발급은 피해야 할 것이다.

모든 원장님이 위 사항을 꼭 숙지하셔서 원만한 학원 운영으로 더욱 번창하시길 기원한다.

이영철 세무사_ 바른세무회계 대표세무사

08

원장이란

성공하는 사업가들의 마인드

모든 사업은 대표의 마음가짐, 즉 '마인드(mind)'에 따라 결정된다. 인생은 생각하는 대로 이루어지고, 말하는 대로 이루어진다고 하지 않나. 사람의 타고난 기질은 바꿀 수 없어도 생각과 고정관념은 언제든 깨부술 수 있기 때문에 내가 지금부터라도 성공을 향해 달려갈 것이라 마음먹었다면 개방적 사고(오픈 마인드)로 다양한 관점에서 수용적인 자세를 취해야 한다.

대부분의 피아노학원 원장님들은 내 학원이 잘되지 않는 이유를 외부 환경에서 찾으려고 한다. 환경의 탓이 아예 없지는 않겠지만, 그보다 더 중요한 것은 나 자신에게서 문제의 원인을 찾는 것이다. 모든 문제의 원인이 나임을 인정하는 순간부터 해결이 시작된다. 인구 절벽이 본격적으로 시작되면서 저조한 출생률은 해를 거듭할수록 기록을 경신하고 있지만 새로 생겨나는 학원들은 무수히 많다. 학원의 50% 이상은 폐업하고, 30% 이상은 간신히 유지하며, 15% 정도가 안정적으로 운영한다. 그리고 5%만 성공한다. 이러한 현실 속에서 노력 없이 성과를 바라는 것은 모순이니, 게으름, 매너리즘, 안주 등과 같은 인간의 본능을 의식적으로 거슬러야 한다. 나는 과연 어느 위치에서 학원을 운영할 것인가를 항상 고민해야 하고, 더 나은 내일과 더 나은 나를 위해 쉬지 않고 움직여야 한다. 자기 계발을 쉬지 않고, 항상 앞서나가는 사람만이 성공의 궤도에 올라갈 수 있다.

우리는 교육과 서비스의 결합, 즉 교육서비스를 하고 있는 사업가로서, 이 두 가지를 잘 접목하여야 한다. 취미생이 대다수인 일반적인 음악학원에서 교육만 지나치게 강조한다면 자칫하다 아이들에게 음악에 대한 안 좋은 기억을 심어줄 확률이 높으며, 반대로 서비스만 강조한다면 '교육'의 본질을 잊고, 주객이 전도되는 상황을 낳을 수 있다.

현실 안주는 학원 운영 최대의 적

우리는 모든 것이 급변하고 있는 시대에 살고 있다. IT, 경제, 패션 등 모든 분야에서 흐름을 타지 못하면 도태되는 추세이다.

음악 교육 또한 마찬가지이다. 20년 전과 10년 전이 다르고, 5년 전과 3년 전이 눈에 띄게 다르다는 점을 현직에 있는 누구나 느끼고 있을 것이다. 코로나 사태 이전까지는 그동안 내가 가르쳐온 방식, 내가 운영했던 익숙한 방식에 별다른 문제를 느끼지 못하는 원장들이 대다수였다. 그러나 그 누구도 예측할 수 없었던 코로나라는 변수를 맞은 이후엔 모든 것이 달라졌다. 국영수의 우선순위에 밀려 사교육 시장의 끝자락에 있었던 수많은 음악 학원은 버티다 버티다 폐업을 하였고, 그 시기를 버텨낸 학원 중에서도 많은 곳이 코로나 이후에도 회복이 요원하여 계속 운영의 어려움을 겪고 있으며 여전히 생사의 기로에 서 있다. 운영 경력이 오래되었든, 레슨을 얼마나 잘했든, 그것은 중요치 않았다. 그 위기를 탈출하고자 악착같이 이 악물고 노력한 자만이 그 긴 싸움에서 승리할 수 있었다.

코로나 이후 많은 것이 변했다. 시간과 장소의 제약이 없는 온라인 수업이 커다란 물결을 이루었다. 이제는 그 자리에 가지 않더라도 내가 있는 곳에서 강의를 듣고, 레슨을 받으며, 쌍방 소통을 통해 발전적인 주제로 토론까지 가능해졌다. 이제는 내가 시간이 없어서 공부를 못 한다는 핑계가 통하지 않는 세상이다.

음악학원 첫 창업을 위한 마음가짐

긴 시간 코로나 시대가 지나고 안정화될 줄 알았던 경기가 점점 더 어려워지고 있다. 금리 인상과 물가 인상으로 허리띠를 졸라매고 있는 사람들이 많아지는 와중에 음악학원을 창업한다는 것은 수많은 위험 요소들, 특히 사업의 유동성을 감수한다는 뜻이기도 하다. 이러한 이유로 성공적인 학원 운영을 위해서는 만반의 준비를 다해야 하는데, 구체적인 계획이 없이 잘될 것 같다는 생각 하나만으로는 실패할 확률이 높다.

학원 창업이 처음인 예비 원장님들은 어떤 것부터 준비해야 할지 막연할 것이다. 수많은 요소들이 존재하지만 그중 가장 중요한 것은 '마인드셋(mindset)', 즉 어떤 현상이나 상황을 받아들이는 사고방식 또는 마음가짐이다. '마인드 컨트롤(mind control)', '마인드 세팅(mind setting)'이 성공에 가장 중요하다. 어떠한 문제에 부딪혔을 때, 외부 환경이나 조건을 탓하지 않고, 문제의 중심이 나에게 있음을 인정해야 해결할 수 있는 길이 보이기 시작한다. 이전에 학원 운영에 실패했거나 내가 원하는 만큼의 성과가 나오지 않는 상황이라면 내가 어떻게 더 움직여야 할지, 어떤 방향으로 전진해야 할지를 재설정하는 것이 필요하다. 지금 이 책을 읽는 독자들은 더 나은 학원을 만들기 위한 열정과 욕심이 있는 분들일 것이다. 명심하자. 원장의 마인드와 설정 방향에 따라 학원의 성공과 실패가 결정된다.

먼저 시작한 자의 책임

학원을 운영해온 12년이라는 시간이 눈 깜짝할 사이에 지나 갔다. 학부모님들과의 어려운 점, 강사들과의 어려운 점, 나 스스로 운영에 대해 느끼는 회의감 등 여러 경험들이 결국 나에게 피와 살이 되어, 현재는 웃으면서 이야기할 수 있게 되었음에 감사한다. 이렇듯 어떤 일에 오랜 시간을 투자하게 되면 자연스럽게 체득하게 되는 부분이 많다. 학원 운영을 먼저 시작한 선배로서, 후에 학원을 운영하게 될 후배들이 좋은 환경에서 근무할 수 있도록 책임감을 가져야 하는 것이 꼭 필요하다는 것을 깨달은 이후부터 나의 마음가짐이 바뀌기 시작했다.

첫 번째로, 음악 교육의 대중화를 위해 음악 교육 인식을 개선하기 위한 노력을 기울였다. 음악학원이 타과목과 비교하여 등한시되는 이유는, 이전부터 그냥 그렇게 다니는 학원으로 깊게 인식되어 버렸기 때문이 아닐까. 이러한 인식부터 바꾸어야 한다. 우리는 이러한 책임감을 가지고, 현재 내가 운영하는 학원만을 위한 근시안적 태도를 벗어나 앞으로의 미래까지 생각하는 넓은 시야를 가져야 한다. 두 번째로는 수강료와 강사 처우 개선에 대한 부분이다. 우리가 오랜 시간 투자해 온 시간과 노력에 비해 너무 터무니없는 수강료를 받고 있는 요즘, 시대에 적절한 수강료를 위한 끊임없는 교육적 투자와 시설 투자가 필요하다. 학부모로 하여금 자신이 내는 수강료가 합당하다고 느껴지게 해야 한다. 수강료부터 해결되어야 강사 월급 인상이 가능하기 때문이다. 지금이라도 늦지 않았다. 더 나은 나, 더 나은 학원을 위한 투자를 시작해보자.

21세기 피아노 교수학

피아노 선생님은 무엇보다도 피아노를 잘 가르쳐야 합니다. 그래서 피아노 교수학을 공부하게 마련입니다. '피아노 교수학'이란, 말 그대로 피아노를 잘 가르치는 방법을 탐구하는 학문입니다. 피아노에 관련된 그 어떤 공부보다 현실적이고 실생활과 밀접하게 관련 있는 분야라고 볼 수 있습니다. 그렇다면 피아노를 '잘' 가르친다는 건 무엇인지 생각해야 합니다.

피아노 교수학의 다양한 분야를 다루며 언제나 강조하는 두 가지 사항이 있습니다. 피아노 선생님들의 강력한 무기 두 가지입니다. 첫째는 테크닉입니다. 레스너는 각 레벨에 필요한 테크닉을 가르칠 수 있는 실력을 갖추어야 합니다. 테크닉은 소리를 표현하는 방법입니다. 아름다운 소리 표현의 예술인 음악에서 필수적인 사항입니다. 둘째는 레퍼토리입니다. 레퍼토리를 얼마나 알고 있는지에 따라 레슨의 성패가 좌우된다고 해도 과언이 아닐 겁니다. 현대 사회의 피아노 레스너에게 레퍼토리의 중요성은 지대합니다.

현대의 피아노 교수학은 지난 3세기에 걸친 교수학과는 다른 방향으로 가고 있습니다. AI가 거의 모든 분야를 장악하고 있는 고도의 산업 사회에서 오래된 악기인 피아노가 살아남은 데는 이유가 있습니다. 최신 기술과 전통적인 학문 및 예술 분야의 발전이 균형을 이루었을 때 인류의 삶이 제대로 윤택해지기 때문입니다. 그래서 우리는 고전적 가치를 보존하는 동시에 현대적, 대중적인 시각에도 눈을 떠야 합니다. 현대 레퍼토리의 확장은 이와 관련이 있습니다.

현대의 피아노 선생님인 독자에게 묻겠습니다. 피아노를 배우는 모든 이들은 반드시 초급, 중급, 고급 레퍼토리의 수순을 밟아야 하는 건가요? 또는 개개의 학생에게 어울리고 그가 매력을 느끼는 부분을 찾아 맞춤형 방향성을 제시해야 할까요? 답은 후자일 겁니다. 예를 들어 보겠습니다. 모든 학생이 반드시 베토벤과 쇼팽의 소나타를 연주할 필요는 없습니다. 세상에는 광범위한 중급 레퍼토리가 있습니다. 평생 중급에 해당하는 매력적인 작품을 연주해도 피아노를 즐기는 데 아무 문제가 없습니다. 레스너들은 네 시대에 걸친 주요 레퍼토리를 필수적으로 공부하는 것 외에도 대중의 성향을 반영한 다양한 현대 교수용 레퍼토리를 광범위하게 머릿속에 입력하고 있어야 합니다. 그래서 우리는 끊임없이 배워야 합니다. 테크닉과 레퍼토리를 다루는 세미나에 참여하고, 질적으로 훌륭한 작품을 찾아서 학생들에게 실험하는 과정을 계속해야 합니다. 이것이 피아노 교수법의 기본입니다.

좋은 테크닉과 좋은 레퍼토리를 향해 나아가시길 바랍니다. 여기에 학부모님을 대하는 자세, 학생의 심리를 파악하여 지혜롭게 레슨하는 방법을 연구할 필요가 있습니다. 고전과 현대가 요구하는 다양한 부분을 적극적으로 배우고, 학생에게 부지런히 적용하여 스스로 데이터를 구축하는 레스너가 되어야 합니다.

혹자는 말합니다. 최첨단 시대에 구시대의 유물인 피아노를 가르치는 건 시대에 뒤떨어진 행동이라고요. 그렇지 않습니다. 21세기의 발전된 기술은 결국 오래된 학문 발전의 결과입니다. 우리는 전통적인 테크닉과 레퍼토리를 전해줄 책임이 있습니다. 그리고 현대적, 대중적 시각에 적응하고 반응하며 수준 높게 소화해야 합니다. 전통과 혁신이 적절히 어울릴 때 최상의 결과를 거둘 수 있습니다. 이 가치는 시간이 걸리더라도 분명히 증명될 겁니다.

전통과 현대적 감각을 모두 장착한 뛰어난 테크닉 교습과 광범위한 레퍼토리 지식으로 선생님들의 창고를 채우시면 좋겠습니다. 여기서 피아노 선생님의 자부심과 에너지가 발생합니다. 이 글을 읽는 여러분 모두의 에너지 넘치는 레슨을 응원합니다.

피아니스트 채수아_ 숙명여대 피아노교수학 대학원 초빙대우교수

PART 2

학원 운영에 관한 모든 것

|

온라인 마케팅 | 오프라인 마케팅 | 상담 및 관리

특강 및 특별학습 | 연주회 및 콩쿠르 | 포괄적 운영 노하우

01

온라인 마케팅

마케팅의 필요성, 아무리 강조해도 지나치지 않는다

처음 피아노학원을 개원했던 곳은 신도시도 아니고 평범하기 그지없는 일반 상가였다. 그 이전까지는 피아노 소리가 끊임없이 들려오고 원생들로 넘쳐나던 곳에서 강사로 근무해왔었기에 학원에서 혼자 보내야 하는 긴 시간이 너무 힘들었다. 매사에 긍정적이고 낙천적인 성격이었던 나는 처음 느껴보는 우울감이라는 감정을 몸소 체험하며, 자살을 결정하는 사람들의 감정에 공감할 수 있었다. 나를 믿은 부모님의 전폭적인 지지와 지원으로 개원한 학원이었으니 월세까지 도와달라는 부탁은 차마 할 수 없었다. 신규 개원이었으므로 어느 정도 학생을 보장 받고 시작한 것이 아니어서, 원생이 아무도 없으니 당장 수입이 제로였다. 학원을 괜히 오픈했나, 강사 때는 그래도 100만 원 이상은 손에 쥐었는데, 주님은 내게 왜 이 길을 선택하게 하셨나 등등 온갖 불평불만이 이어졌다. 그런데 이 학원이 어떤 곳인가? 3년간 비어 있던 곳, 피아노 소리가 들리지 않는 곳, 게다가 개원한 지 얼마 되지 않은 곳이니, 이 학원을 아는 사람이 있을 리 없었다.

내가 나서서 알리지 않는데 저절로 알려지기를 기다리면 안 된다. 이 시점에서 가장 필요한 것은 홍보였다.

블로그 홍보 방법

'검색의 생활화'라는 말은 다들 들어봤을 것이다. 요즘은 동네 맛집을 찾거나 필요한 물건을 구입할 때 등 어떠한 경우에도 검색을 거치지 않는 경우가 거의 없다. 학원도 마찬가지이다. 피아노학원에 대한 정보를 알고자 하는 학부모들이 내 아이가 다닐 학원을 알아볼 때 대부분 검색을 하게 된다. 블로그는 우리 학원을 소개하기에 가장 좋은 도구 중 하나이다. 홈페이지를 만드는 것도 나쁘진 않지만 굳이 큰 비용을 들여가며 홈페이지를 만들 이유는 없다. 블로그는 큰 노력 없이 간단한 방법으로 디자인을 꾸밀 수 있으며, 카테고리를 정하거나 글을 작성하는 방법 또한 간단하다. 대부분의 젊은 층들이 이용하는 검색엔진이 네이버이기 때문에 네이버 블로그를 추천한다. 네이버 아이디만 있다면 블로그는 자동 생성되어 있게 되니, 그 블로그를 어떻게 꾸미고 어떻게 관리하느냐에 따라 블로그 지수가 결정된다.

1) 블로그 만들기

① 네이버에 회원가입 후, 블로그탭에 들어가 블로그를 개설한다.

최초 개설 시 1회에 한하여 블로그 전용 아이디를 세팅할 수 있는데, 추후 변경이 어려우니 신중하게 정해야 한다. 학원 이름으로 생성하는 것을 추천한다.

② 대표 카테고리를 설정한 이후, 게시글 작성에 들어간다.

카테고리 설정은 자유이나, 블로그 용도가 학원 공지사항이나 소식, 연주 영상 등을 올리기 위한 것이므로, 공지사항/강사 안내/수강료 안내/학원 행사/연주 영상 등으로 나누어 만드는 것을 추천한다.

유어피아노 블로그 대표 카테고리

③ 게시글을 작성할 때에는 제목과 본문에 메인 키워드가 적절히 삽입되도록 작성해야 한다.

내 학원을 찾는 사람들이 어떻게 검색하고 들어올지를 고려하여 정해야 하는데, 너무 과도한 반복어가 사용될 경우 노출이 제한된 저품질 블로그에 걸릴 우려가 있으므로 적당히 조절하여 사용해야 한다.

④ 블로그를 네이버 기본 디자인이 아닌 홈페이지형 디자인으로 만드는 방법도 있다.

일반 원장들이 직접 소스를 입력하고 전문적인 디자인을 만드는 것은 거의 불가능하므로, 크몽(www.kmong.com)이라는 사이트를 활용하여 전문가에게 의뢰하는 것을 추천한다.

(검색어 : 홈페이지형 디자인, 블로그 디자인)

2) 네이버에 우리 학원 노출되게 만들기

① 네이버 스마트플레이스로 접속한다.
(https://smartplace.naver.com)

② 신규등록 페이지에서 업체등록여부를 확인한다.

③ 이상이 없으면 필수정보 입력 후 네이버 측의 승인을 기다린다.

유어피아노 스마트 플레이스 화면

3) 검색어 노출 가능한 포스팅 작성하기

① 검색 키워드를 정한 후에 제목과 본문에 적절히 삽입한다.

② 블로그 작성 마지막 단계에서 태그를 추가한다.

③ 사진은 최소 3장 이상 삽입하며, 중복된 사진은 되도록 없게 한다.

④ 우리 동네 피아노학원을 알아보는 학부모들이 원하는 정보를 최대한으로 기입하도록 한다.

4) 주의사항 – 네이버는 전화를 걸어오지 않는다

네이버에 업체등록을 한 이후, 대략 한 달간은 "안녕하세요, 네이버 협력사 ㅇㅇ입니다"라는 멘트로 수십 통의 전화를 받게 될 것이다. 이들은 네이버 관계자가 절대 아니며 신규 등록 플레이스를 대상으로 홍보·마케팅 영업을 하는 업체 직원들이다. 이들 업체는 학원 사이트를 네이버 검색창에 노출시켜주겠다며 파워링크 광고와 키워드 광고를 빌미로 높은 금액의 광고비를 요구한다. 하지만 이들을 통하지 않고 직접 한다 하여도 방법이 간단하며 금액도 저렴하니, 업체에 비싼 금액을 주고 작업을 의뢰할 필요가 전혀 없다. '네이버 광고' 서비스에서 어렵지 않게 파워링크를 등록 또는 수정할 수 있다.

5) 본문 작성 시 공백을 활용한다

글자 간격이 좁으면 시인성이 떨어져 글을 읽기도 전에 지치는 경우가 많다. 그러니 글자 크기 및 간격 등을 보기 편하도록 지정하는 것이 좋다.

블로그 예시

유어피아노 홈페이지형 블로그

파워블로거 섭외

○○시 피아노학원, ○○동 피아노학원이라고 검색했을 때 우리 학원의 정보가 최상위에서 노출되기 위해서는 일명 파워블로거들의 힘이 필요할 때가 있다. 특히 경쟁업체가 많은 경우, 다른 학원보다 우리 학원이 상단에 검색되기 위해서는 일 방문자수가 최소 천 명 이상 되는 파워블로거의 포스팅이 필요하다.

파워블로거에게 개인적으로 연락을 시도하는 것도 괜찮지만 업체를 통해 다량의 포스팅을 의뢰하는 것도 좋은 방법이다. 가격은 보통 건당 3만 원에서 10만 원까지 다양하며, 의뢰하기 전 해당 블로그의 사전 탐색은 반드시 필요한 작업이다.

파워블로거 게시글 블로그 노출 예시

맘카페 활용

지역별로 가장 큰 규모의 맘카페가 자리 잡고 있다. 아이를 키우는 학부모들은 대부분 지역 맘카페에 가입하여 다양한 정보를 나눈다. 보통 맘카페에서 맛집, 학원, 이벤트 등의 정보를 얻기 위해 많은 회원들이 활동을 하고 있으며, 학원이 맘카페 내에서 좋은 이미지로 보인다면 자동적으로 신입생 유치가 가능하다. 또한 맘카페 회원들을 대상으로 한 다양한 이벤트들을 기획하여 기프티콘이나 수강권 제공 등의 혜택을 준다면 반응은 매우 뜨겁다.

내 경우, 동네 곳곳에 부착한 현수막을 찍어 카페 내 이벤트 게시판에 올리면 기프티콘을 증정하는 이벤트를 진행하였다.

맘카페에서 우리 학원 알리기 예시

이벤트	내용
1회 맛보기 레슨	1회 20분으로 진행. 성심성의껏 레슨한 후 학원 기념품 지급
댓글 이벤트	100번째, 200번째 등 댓글 순서에 따른 경품 지급
퀴즈 이벤트	음악 및 학원에 대한 퀴즈를 맞히는 회원에게 무료 수강권이나 교재비 면제 혜택 등을 제공

인스타그램 활용

1980년대의 SNS 세대들이 현재는 대부분 학부형이 되어 있다. 다모임, 세이클럽, 싸이월드, 페이스북을 지나 이제는 인스타그램을 안 하는 사람이 없을 정도로 굉장히 활성화되어 있다. 음식점, 미용, 의류, 액세서리 등 다양한 업종들이 인스타그램을 통해 사업홍보를 진행하고 있는데, 학원도 이 틈새에서 당연히 홍보를 해야 한다. 인스타그램에서 중요한 것은 #, 즉 해시태그이다. 적절한 해시태그의 사용과 꾸준한 업로드 및 소통은 자연스럽게 홍보로 이어진다.

내 경우, 학원에서 진행하는 행사들과 아이들의 연주영상이나 사진 등을 일주일에 최소 4건 이상 올리는 편이다. 사소한 것 하나라도 올리는 것이 중요한데, 그 이유는 우리 학원을 알리는 것뿐만 아니라 원장이 끊임없이 학원을 위해 투자하고 연구하며 움직인다는 것을 보여줄 수 있기 때문이다. 나는 인스타그램을 학원의 홍보만이 아니라 학부모님들과 학원 운영에 관한 소통의 창으로 활용하고 있는데, 이렇게 하면 불특정 다수에게 자연스럽게 학원을 홍보하면서 학부모님들은 빠르게 학원 소식을 접할 수 있게 된다. 결과적으로 일석이조의 효과를 보게 된다. 단, SNS의 특성상 아이들의 얼굴이 노출되기 때문에 개인정보에 대해 민감하게 반응하는 경우가 있을 수 있으니 사전에 학부모님들께 개인정보활용에 대한 동의를 받는 것이 필수적이다. 나는 아이들의 입학원서 작성 시, 개인정보활용에 관한 동의도 함께 받고 있다.

● 저자의 추천 해시태그

#학원명 #지역 #지역+피아노학원 #지역+음악학원 #초등학교+음악학원 #초등학교+피아노학원 #메인초등학교이름

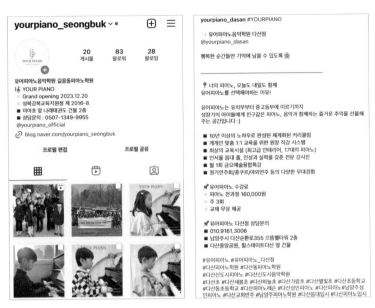

인스타그램 활용 예시

SNS 홍보 시 필수 표시사항

학습자를 모집할 목적으로 인쇄물 및 SNS 홍보 시에도 꼭 학원의 정보가 들어가야 한다.

신고번호 / 교습과목 / 교습비

(예시: 서울성북교육지원청 등록번호 제1234호 피아노 전과정 주 3회 월 16만 원)

미기재의 경우 벌점 10점, 과태료 50만 원, 거짓 기재의 경우 벌점 10점, 과태료 100만 원, 부분 게시의 경우 벌점 5점이다.

02

오프라인 마케팅

생각보다 다양한 오프라인 홍보

현재는 마케팅 시대이다. 어떻게, 어떤 방식으로 홍보를 하느냐에 따라 승패가 갈리기 마련이다. 내가 아무리 아이들을 잘 가르쳐도, 내가 아무리 상담을 잘해도, 우리 학원을 알리지 않으면 학부모님들이 찾아올 수 없다. 그래서 매우 많은 마케팅 전문 업체들이 다양한 홍보 방식으로 영업을 하고 있는데, 적절히 활용하면 좋은 결과를 얻을 수 있다.

오프라인으로 학원을 홍보하는 방법에는 여러 가지가 있다. 방식 자체는 홍보물을 제작해서 사람들에게 직접 전달하는 것으로 단순해 보이지만, 홍보물의 종류가 참 다양하다. 그리고 오프라인 홍보에서 꼭 기억해야 할 것은, 홍보물이 중요하지만 그것보다 더 중요한 것이 학부모들과 인사할 수 있다는 사실이다. 나는 학원을 운영하며 일주일에 최소 두 번은 학교 교문 앞에서 하교시간에 맞춰 전단지를 돌렸다. 학교 앞에 서 있는 분들께는 처음 마주치는 것이라 하더라도 무조건 인사를 했다. 이렇게 학부모들에게 어느 정도의 안면을 트기 시작하면 자연스럽게 학교 앞에서 상담이 이루어지며, 그것은 곧 등록으로도 이루어진다. 학교 앞에서 홍보를 할 때 타인에게 호감을 줄 수 있는 깔끔한 의상과 아름다운 미소는 기본으로 장착해야 할 필수템이다. 이때의 홍보물로는 계절에 맞춰 여름엔 부채나 아이스팩, 겨울엔 핫팩이나 마스크, 따뜻한 음료 등을 추천한다.

필수 홍보 시기

정확한 일정은 해당 학교에 문의해야 하지만 대략적으로 시기를 정리해보면 다음과 같다.

행사	기간
예비소집	12월 중순 ~ 1월 중순 (지역마다 상이)
입학식	3월 2일 (주말 · 공휴일일 경우 그 다음 날)
방학식	7월 중순 ~ 말, 12월 중순 ~ 말
개학식	8월 중순 ~ 말
운동회, 학예회, 학부모 총회 등	학교에 문의

이렇게 학교에서 공식행사가 진행될 때에는 꼭 학교 앞으로 홍보를 나가는 것이 좋다. 3월은 신입생들 적응 기간이므로 등교와 하원 시에 많은 학부모들이 학교 앞에 나와 있는 경우가 많기 때문에 특히 3, 4월에 적극적인 홍보가 필요하다.

현수막 홍보

현수막은 단순해 보이지만 효과가 좋다. 현수막은 차를 타고 있는 사람이든 바깥에서 걷는 사람이든 상관없이 바라보기 쉽다. 설치는 지역 내 광고협회에 문의한 후에 하면 된다. 사람들이 자주 오가는 길목 여러 곳에 현수막을 설치하여, 학원 이름이 최대한 많이 노출되도록 한다. 다만 사람들의 눈길을 끌 수 있는 세련된 디자인이어야 하며, 글자 수가 많은 것보다는 필요한 내용만 간략히 적는 것이 더 눈에 띈다. 현수막 홍보비는 디자인 및 제작

예닮음악학원 현수막 예시

비용을 제외하고 일주일에 약 15,000원 정도인데, 물론 지역별로 차이가 있다.

종이컵 홍보

종이컵은 저렴한 금액으로 홍보할 수 있는 좋은 방법이다. 학교 앞 분식점이나 어묵, 호떡 등을 파는 곳에 종이컵을 협찬하여, 업체에서 필요시마다 종이컵 협찬을 요청하게 한다. 분식점은 종이컵 비용이 들지 않아 좋고, 학원은 큰 홍보비용 없이 쉬면서 홍보할 수 있어 서로에게 좋은 홍보 방법이다.

또한 종이컵은 운동회에서도 매우 좋은 반응을 보였다. 아이들에게 물을 먹일 때, 음료수를 먹을 때 종이컵이 필요한 경우가 있기 때문에 유용하게 쓰인다. 종이컵 비용은 1박스(1,000개)에 약 4~5만 원이다. 참고로 종이컵 디자인은 업체에서 무료로 해준다.

부채 홍보

여름에 가장 적합한 홍보물은 단연 부채라고 해도 과언이 아니다. 학부모들과 아이들의 눈에 뜨일 수 있는 예쁜 디자인까지 겸비한다면 금상첨화가 되겠다. 디자인은 예쁘게, 그러나 텍스트는 최대한 요점만 간략하게 기재하는 것이 좋다. 비용은 부채의 모양이나 손잡이 유무에 따라 달라지며, 열피쌤 카페에서는 매 여름마다 저렴한 금액에 피아노 부채 공동구매를 진행하고 있다.

워터보틀 홍보

아이들이나 학부모들이 휴대하기 좋은 워터보틀은 실용성을 갖춘 홍보용품이다. 플라스틱과 트라이탄 소재로 분류되는데, 플라스틱은 단가가 저렴한 대신 뜨거운 음료를 담을 수 없으므로 장기적으로 사용을 원하는 경우라면 트라이탄 소재로 제작하는 것을 추천한다. 워터보틀은 개당 천 원대로 비용이 높은 편이라 입학식과 같은 중요한 행사가 있을 때 사용하는 것이 좋다.

솜사탕 홍보

사계절 중에 여름을 제외하고 나머지 세 계절 내내 진행할 수 있는 솜사탕 홍보는 아이들이 좋아하는 홍보 중 상위권에 속한다고 할 수 있다. 솜사탕은 작업자가 개당 30초 이내(기본 솜사탕) 빠르게 만들어낼 수 있어 오래 기다리지 않고 아이들이 빨리 받

아갈 수 있다는 장점이 있다. 다만 설탕이 녹아서 여름에는 실외 진행이 힘들다. 비용은 평균적으로 두 시간에 20만 원 전후 정도 이다.

슬러시 홍보

학원이나 교회 등의 행사를 위해서 슬러시 기계를 대여해주는 업체들이 있다. 이런 업체들은 일정 금액을 받고 기계를 대여해준다. 슬러시 기계를 구입하려면 최소 100만 원 정도의 비용을 들여야 하는데 관리가 어려우니 필요한 상황에 따라 대여하는 방법을 추천한다. 하루 대여 금액은 평균 5~10만 원 정도이다. 3시간 기준으로 페트음료 15병이면 넉넉하고, 종이컵과 일회용 빨대를 준비하도록 한다. 슬러시 기계는 엄청나게 무겁기 때문에 여성 혼자서는 절대로 들 수 없다.

커피 트럭 홍보

요즘 대세는 커피 트럭이다! 연예인들이 주로 이용하던 커피 트럭이 학원가 홍보로도 뜨고 있다. 학교 앞이나 인구 이동량이 높은 위치를 골라 학원 이름이 붙은 컵에 커피를 담아 불특정 다수에게 제공하는 홍보 방법이다. 커피 트럭의 장점은 커피를 내리는 시간 동안 대기 중인 학부모들에게 그 자리에서 상담을 할 수 있다는 점이다. 지역 주민뿐 아니라 학부모들 사이에서도 우리 학원의 좋은 이미지를 강하게 남길 수 있고, 남들이 하지 않는 홍보 중 하나이기 때문에 학원의 존재감을 강하게 어필 할 수 있

다. 비용은 매년 상승하는데, 현재는 보통 100잔 기준 60만 원으로 책정되어 있다. 커피 트럭 말고도 붕어빵 트럭, 떡볶이 트럭 등 다양한 업체들이 있으므로, 나와 맞는 업체를 먼저 찾아볼 것을 추천한다.

풍선 홍보

아이들이 관심을 보이는 홍보 방법이다. 풍선은 단조로운 색상보다 노랑, 민트와 같이 튀는 색상이 좋다. 풍선을 입으로 불긴 역부족이니 에어펌프를 필수로 구비하길 바란다. 풍선을 만들 때는 컵 스틱과 막대를 잘 끼워야 하는데, 잘못될 경우 분리되어 풍선만 동동 바닥에 굴러다니게 될 수 있다. 이는 더욱 위험한 상황으로 이어질 수도 있기 때문에 도로 근처에서는 가급적 홍보를 자제하는 것이 좋다.

쓰레기봉투 홍보

　쓰레기봉투를 활용한 홍보는 학부모도 만족스럽고, 학원 입장에서도 가성비가 좋아 추천하는 홍보 수단이다. 그러나 쓰레기봉투 단독으로 홍보에 사용하는 것은 모양새가 좋지 않으므로 보통 L자 파일에 전단지를 끼우거나, OPP봉투 안에 간식과 함께 넣어 홍보하는 것을 추천한다.

물티슈 홍보

　쓰레기봉투만큼이나 가성비 좋은 홍보이고, 홍보의 편리성 면에서는 그 어떤 것도 따라올 수 없는 것이 바로 물티슈 홍보이다. 요즘 아이들은 가방 안에 얇은 물티슈 한두 개 정도는 가지고 다니

기 때문에 물티슈를 예쁘게 디자인하여 배부하면 버리는 아이들이 별로 없다. 매수는 선택할 수 있는데, 5매는 너무 소진이 빠르기에 추천하지 않고, 10매는 가성비가 가장 좋고, 20매는 더 오래 쓸 수 있으니 그만큼 학부모와 아이들의 눈에 익는다는 장점이 있다. 내가 원하는 매수를 선택하여 주문하면 된다.

피아노 양말 홍보

누가 봐도 피아노학원에서 홍보물로 준 것임을 알 수 있는 피아노 양말 홍보도 추천한다. 양말은 기본적으로 단가가 다른 제품 대비 높은 편이라 입학식이나 예비소집일 등 가장 힘주어 홍보해야 할 시점에 사용하는 것을 추천한다. 피아노 양말은 열피쌤카페에서만 구입할 수 있으며, 주기적으로 공동구매를 진행하고 있다.

사인물의 교체 주기

사람은 누구나 익숙한 것에 큰 관심을 두지 않는다. 항상 새로운 것에 자극을 받고, 새로운 것에 눈길을 준다. 학원 홍보 사인물도 마찬가지이다. 처음에만 관심이 갈 뿐, 눈에 익숙해지면 어느샌가 시선조차 두지 않게 된다.

나는 배너나 현수막 등의 외부 게시물은 3개월 주기로 교체한다. 신학기 및 방학 시작 전에는 더 빠르게 1개월 단위로 교체한다. 이러한 외부 게시물에서 중요한 점은 일단 사람들의 시선을 많이 사로잡아야 한다는 것이다. 내가 전달하고 싶은 내용이 한눈에 담기도록 보기 쉽게 제작하자. 글씨가 많거나 눈에 잘 보이지 않는 색상을 선택하면 시선이 가지 않는다. 누구라도 쳐다볼 수 있을 정도로 핵심만 간략하게 만들어보자.

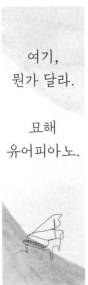

장기전에 대한 각오

온라인과는 다르게 오프라인 마케팅은 보통 절박함과 직결된다. 발로 직접 뛰지 않던 사람도 갑자기 원생이 줄거나 신입이 들어오지 않게 되면 학원 밖으로 나가게 되어 있다. 절박하기 때문에 오프라인으로 나갔음에도 원생 수에 변화가 없게 되면, '홍보할 필요가 없구나', '학원 문을 닫아야 하는구나'라는 생각이 들게 마련이다.

꼭 기억해야 할 것이 있다. 바로, 마케팅은 장기전이라는 사실이다. 홍보 효과가 즉시 나타나면 정말 기쁘겠지만, 보통은 그렇지 않다. 기다림의 시간이 필요한 것이다. 온라인이건 오프라인이건 마케팅의 핵심은 꾸준함과 기다림이다. 당장 내 눈앞에 보이는 결과가 없더라도 낙심하지 말아야 한다. 언젠가 빛을 발할 때가 분명히 온다.

마케팅의 진짜 핵심

내가 백날 블로그와 인스타그램에 글을 쓰고, 홍보를 나간다 한들 그 안에 '진정성'이 느껴지지 않으면 무용지물이다. 사람은 말과 글에 마음이 동하기 마련이다. 같은 글이어도 진심이 느껴지는 글이 있고, 가식적으로 느껴지는 글이 있듯, 마케팅 역시 마찬가지다. 이 사업은 특히나 아이들을 대상으로 하고 있기 때문에 글을 쓸 때도 포커스가 아이들에게 집중되어야 한다.

나는 8살 때 피아노를 시작했다. 그리고 음악을 전공으로 삼았다. 음대 입시를 겪다 보면 누구나 한 번쯤은 겪는다는 '나 음악 때려칠까?', '피아노가 재미없다' 하는 순간을 단 한 번도 경험한 적 없다. 그 정도로 피아노라는 악기는 내게 너무나 즐겁고 행복한 순간만을 선물해주었다. 지금까지도 말이다. 내가 처음 학원을 시작하게 된 계기가 자의는 아니었어도 학원 운영을 하면서 이 일이 나에게 딱 맞는 천직이라는 것을 느낄 수 있었던 건, 그만큼 피아노를 사랑했기 때문이 아닐까. 지금도 나는 내가 지도하는 아이들이 내가 느꼈던 이 감정을 느낄 수 있길 바라는 마음, 피아노가 주는 수많은 장점을 온전히 누릴 수 있길 바라는 마음을 담아 아이들을 가르치고 있다. 그리고 이 부분들을 적극 어필하여 마케팅도 함께 진행하고 있다. 이 짧은 글에서도 나의 진심이 느껴지지 않는가?

홍보에 관한 아이러니

가끔 SNS를 보거나 누군가와 대화를 하다 보면, "저는 절대 홍보를 안 해요" 혹은 "저는 홍보 없이 입소문으로만 운영해요"라고 말씀하는 분들이 있다. 그런 분들의 블로그나 인스타그램에 들어가 보면 이렇게까지 열심히 온라인 마케팅에 힘을 쓰는 사람을 본 적 없을 정도로 SNS를 열정적으로 운영하고 있다. 정말 아이러니하다. 네이버 플레이스에 키워드를 걸어 지도에 노출시키고, 네이버 스마트콜을 이용하고, 네이버 블로그와 인스타그램을 이용해 아이들의 수업을 올리는 것이 곧 학원의 홍보 아닌가? 온라인과 오프라인을 구분하여 생각하는 것은 큰 오류이다. 나는 오프라인 홍보를 하지 않는 것은 본인의 게으름을 입증하는 것이라 생각한다. 인터넷상에서만 홍보해도 일정 수준 이상의 원생 확보가 가능했다면, 오프라인까지 합쳐졌을 때 더 많은 원생 모집이 가능했을 것이기 때문이다. 실제로 나는 내가 원하는 매출에 도달하고, 내가 목표하던 원생이 모집된 이후에도 온/오프라인 마케팅을 쉬지 않고 진행했다. 내가 아무리 홍보를 많이 했다 하더라도 고학년들은 이탈 확률이 높고, 아이의 연령에 따라, 아이의 관심도에 따라 피아노학원을 찾는 이들은 꼭 생겨나기 때문이다. 점점 인구가 줄고 있다는 사실을 명심해야 한다.

저자 경험담 1 - 첫 학원 개원 직후의 홍보활동

나는 가장 먼저 단지 내 전단지 광고를 시작했다. 1주일에 25,000원에서 30,000원의 비용으로 아파트 1층 광고 게시대에 직접 전단을 붙여 광고를 할 수 있는 시스템이다. 그 후, 지역 맘카페에 가입을 했다. 초반엔 각종 무료나눔, 구매후기 등을 작성하며 활동을 시작했고, 맘카페 주최의 벼룩시장에도 참가하여 이름을 조금씩 알리기 시작했다. 나는 20대 초반부터 파워블로거로 블로그를 운영해왔었기 때문에 블로그를 잘 활용할 수 있었다. 이미 유명해져 있는 내 블로그를 학원전용 블로그로 전환하고 검색엔진을 통한 홍보를 메인으로 키워드광고 위주로 포스팅을 작성했다. 그 후 신기하게도 꽤 많은 인원들이 블로그에 유입되어 상담전화가 걸려왔고, 한 달 후에는 5명의 원생이 모집되었다. 그렇게 신학기가 시작되기 전 두 달 동안 단지 내 전단과 블로그로 홍보를 하였고, 3월이 되던 시점 20명의 원생등록이 이루어졌다. 신학기에 맞춰 원생 모집이 되었던 것도 맞지만 학원 이름을 홍보한 것이 분명하게 효과를 본 결과였다.

두 달 동안 월세 낼 돈이 없어 마음 고생을 했던 내가 드디어 내 손으로 월세를 낼 수 있게 되었다. 수입이 어느 정도 들어오다 보니 일도 재미있어지고 아이들을 위해 무언가를 해줘야겠다는 생각에 다양한 행사들을 계획하게 되었다.

저자 경험담 2 - 원생 모집 마케팅 후기

2017년 여름, 원생모집 마케팅을 진행해 보았다. 이것은 보통 태권도나 합기도에서 많이 하는 프로그램으로, 학교 앞에서 학용품, 장난감 등등 아이들이 혹할 만한 장난감을 깔아놓고 그걸로 유인한 후, 아이를 통해 보호자의 번호를 받는다. 그렇게 수백 개의 연락처를 받은 후, 정해진 기간(3일이면 3일, 5일이면 5일) 동안 학부모들에게 전화를 돌리는 방법이다. 결론적으로 말하자면, 이것은 학원의 이미지에 나쁜 영향을 준다.

아이들 하교 시 교문 앞에서 대기하면서 장난감에 약한 아이들에게 "학원을 다니면 이 장난감을 준다"고 강조하며 반복해서 세뇌시킨다. 그 아이들은 집에 가서 떼를 쓰게 된다. 아이는 설득이 됐는데 학부모가 넘어오지 않는다 싶으면 더 적극적으로 아이를 설득시킨다. 학부모 대부분은 아이들이 적극적으로 하고 싶다고 하면 아이가 원하는 대로 하게 해준다. 그렇게 장난감에 마음을 빼앗겨 학원에 온 아이들은 장난감을 받고 나면 목표가 사라졌으므로 대부분 학원을 그만둔다. 피아노같이 본인의 노력으로 학습을 해야 하고 장기간 연습이 필요한 경우, 이러한 방법으로 원생을 모집하는 것은 별 효력이 없다. 진짜로 피아노를 배우고 싶었는데 마침 마케팅 기간에 얻어 걸린 것이라면 모르겠지만, 피아노에 아무 관심이 없었다면 오래 가기 힘들다. 물론 관심 없었다가도 배움을 통해 달라질 수 있지만 그 수가 많지는 않다.

　원생 모집 마케팅은 보통 3일과 5일 중에 선택하여 진행하는 데, 3일인 경우 30~40만 원, 5일인 경우 50~70만 원 정도이며 업체별로 다르다. 이건 활동비라고 해서 원생이 들어오든 아니든 상관없이 기본적으로 업체에게 지불해야 하는 금액이다. 원생이 한 명도 모집되지 않았다 하더라도 반드시 나가는 금액이다. 여기에 더해 꽤 큰 금액의 추가 수당이 있다. 원생 1명을 받을 때마다 한 달 원비+2~3만 원을 추가 수당으로 얹어줘야 한다. 예를 들어, 5일 활동비가 70만 원이고 추가 수당이 2만 원이라면 원비 15만 원인 학원에서 마케팅을 통해 원생 5명을 받았을 경우 추가 수당으로 지불해야 하는 금액만 85만 원($15 \times 5 + 2 \times 5$)이 된다. 즉, 활동비 70만 원+추가 수당 85만 원으로 총 155만 원을 업체에 지불해야 한다. 그러나 이렇게 들어온 아이가 일주일 이내에 학원을 그만두게 되면 그 부분에 대해서는 추가 수당을 환불해준다. 결국, 이 방법으로 원생을 모집했다면 한 달 동안은 아이를 공짜로 가르쳐야 한다는 결론이다. 물론 추가 마케팅 비용과 추가로 얹어주는 금액을 제외하고 말이다. 이 방법을 실제로 사용해 본 결과, 이렇게 들어온 아이 중에서 가장 오래 학원에 있었던 경우가 3개월이었다. 물론 지역차가 있겠지만 피아노학원이 갖고 있는 특성상 대체적으로는 이와 비슷한 결과를 보게 되지 않을까 생각한다. 따라서 이 방법은 절대 추천하지 않는다.

03

상담 및 관리

대화의 중점 대상

사람과 사람이 대화할 때의 신뢰도를 수치화한 TQ(Trust Quotient), 즉 신뢰 지수라는 것이 있다. 이 지수의 측정 기준은 바로 자기중심성향(Self Orientation)으로, 말하는 사람의 전문성이 아무리 뛰어나도 자기 자신에게 포커스가 맞춰져 있을 경우 신뢰감이 하락하게 된다. 따라서 우리도 학부모와 상담을 진행할 때, 일방적으로 학원의 방침을 설명하기보다는 대화의 포커스를 아이와 학부모에게 두어 그들이 원하는 음악교육의 방향을 확인하고 내 학원의 방향과 조화롭게 맞추는 것이 좋다. 또한, 말하는 사람의 말 속도가 적당히 빠른 경우에 집중력을 향상시킬 수 있고, 높은 톤보다는 낮은 톤으로 말하는 것이 심리적으로 안정감을 줄 수 있다.

하단의 표는 유아피아노에서 사용하는 질문표이다. 질문은 아이와 학부모에게 나누어 진행하며, 원장은 질문한 다음 듣는다. 아이와 학부모의 답변에 최대한 친절하고 전문적으로 응대한다.

	원생 질문	질문 의도
1	안녕~ 반가워! 난 원장선생님이야~ 혹시 우리 친구는 이름이 뭐니? 몇 학년이야?	마음 열기
2	언제부터 피아노에 관심이 생겼어?	관심도 체크
3	피아노로 제일 연주해보고 싶은 음악이 있어? 혹은 제일 좋아하는 노래가 뭐야?	
4	오늘 엄마랑 피아노학원에 오기 전에 기분이 어땠어?	감정 체크
5	학원 둘러보니까 분위기가 어떤 것 같아?	마음 열기
6	선생님이랑 같이 피아노 배워보면 어떨 것 같아?	

	학부모 질문	질문 의도
1	안녕하세요 어머님~ 오시는 길은 괜찮으셨어요?	마음 열기
2	혹시 저희 학원은 알고 오셨을까요?	마케팅 소스 체크
3	아이의 평소 성격이나 성향이 어떻게 될까요?	원생 파악
4	아이가 집에서 하는 음악적인 활동이 있나요? (춤을 춘다거나, 노래를 부른다거나, 장난감 피아노를 친다거나)	관심도 체크
5	아이가 학원에 다녀본 경험이 어느 정도 있나요?	수업 가능 여부 체크
6	(유치부일 경우) 아이가 어머님과 떨어져 수업에 참여해본 경험이 어느 정도 있나요?	

전화상담, 방문상담 후 그냥 보내지 마세요

방문상담과 전화상담을 하고 난 후에도 등록하지 않는 학부모들이 있을 수 있다. 보통 다른 학원들도 함께 알아보며 결정하거나 당장 수업 시작을 원치 않는 경우도 있으니, 한 번 더 학원의 이름과 커리큘럼 등을 각인시킬 필요가 있다. 상담을 마친 이후, 진행했던 문의 내용 위주로 텍스트를 정리하여 문자나 카카오톡으로 전송하면 그냥 스쳐 지나가는 학원이 아니라 한 번 더 생각나는 학원의 이미지를 만들 수 있다. 또한, 주기적으로 학원의 외부 행사나 홍보 이벤트가 있다면 광고 메시지를 보내는 것도 좋다.

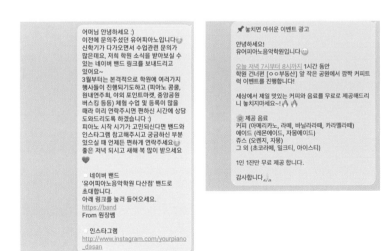

카카오톡을 활용한 학원 소개, 이벤트 홍보 예시

신입생 상담을 위한 팁

학원에 처음 온 학부모와 상담할 때에는, 아무것도 없는 상태에서 막연하게 말로만 하는 것보다는 확실하게 보여주면서 설명할 수 있는 도구가 한 개 이상 있는 것이 상담에 수월하다. 그래서 상담 안내문을 미리 작성해 두는 것이 좋다.

상담 안내문에는 원장 프로필, 레슨비, 레슨 방법, 커리큘럼, 결제방법, 수업일수, 환불, 특강, 우리 학원만의 시스템 등등 학원에 관련된 모든 항목을 기입해두어야 한다. 차량이 있는 학원이라면 차량관련 안내문과 개인정보동의서를 함께 받는 것이 좋다. 개인정보동의서는 개인정보보호법의 개정으로 블로그를 운영하거나 현수막으로 홍보를 할 경우 필수적으로 받아야 한다.

학부모 관리

학부모 관리의 핵심은 단연코 정기적인 소통이다. 학부모와의 소통은 아이에 대한 관심도와 비례하기 때문이다. 아이가 저학년이건 고학년이건 누구나 아이에 대한 피드백을 원한다. 일반적으로 집에서 보는 아이와 밖에서 다른 사람이 보는 아이가 다르기 때문에 내 아이가 학교에서는 어떨지, 피아노학원에서는 어떨지,

YOUR PIANO

― 너의 피아노, 오늘도 내일도 함께 ―

♣ 유어피아노(Your Piano) 음악학원 교육목표 ♣

유어피아노음악학원 성복점은 '너의 피아노, 오늘도 내일도 함께'라는 슬로건으로 **소중한 우리 아이를 위한 고품격, 고퀄리티 음악교육**을 실시하며, [**즐겁게! 정확하게! 배우는 피아노**]를 교육목표로 삼아 아이들이 음악과 자연스럽게 어우러질 수 있는 교육과정을 가지고 수업을 진행합니다.

♣ 유어피아노(Your Piano)만의 지도 노하우 ♣

- **피아노석세스 지정학원** / 음악성과 독보력, 테크닉을 길러주는 포괄적인 교재입니다.
- 피아노 전문교육기관으로서 인 서울 음대 학/석사 졸업 음악을 **전공한 강사진**이 1:1로 정성을 다 해 지도합니다.
- 클래식을 바탕으로 코드반주법도 병행하여 교육하고 있습니다.
- 교재구성 / **기초** : 피아노석세스 1~3급 / 이론 : 계이름하자, 영재음악이론
  - **체르니** : 하농, 체르니, 소나티네, 반주, 뉴에이지 (총 5권) / 이론 : 계이름하자, 영재음악이론
- 월 1회 **금요일 특강프로그램과 다양한 이벤트**로 재미있고 유익한 음악활동을 유도합니다.
  음악감상, 합창, 청음, 성악, 작곡, 지휘, 리듬활동, 음악놀이, 리코더, 단소, 음악게임, 떡볶이파티, 암보대회,
  달란트시장, 원내콩쿠르 등 음악의 전반적인 체험

♣ 원비관련/전과정 16만원 ♣ 교육활동류 월 12일 수업 기준으로 원비가 책정되어 있습니다. 12일이 초과되거나 모자르더라도 원비 변동 없습니다.

- **교육대상(7세~성인)** : 주 3회 피아노&음악이론&포괄적인 음악 수업 = 전과정 월 160,000원 (일할원비 13,300원)
- **교육과목** : 피아노 전문/관악/현악/성악(음악요)/지휘/작곡/기타
- **교재비** : 교재는 우리 학원생은 평생 무료입니다. 특강에 미 참여 하더라도 원비 변동은 없습니다.
- **형제 2명** 등록 시 총 금액에서 원비 만원할인혜택을 드립니다. 그 외 할인 혜택은 없습니다.
- **교습비 환불**은 교육법 제18조 제3항에 의거하여 **교습비등 반환기준**에 따릅니다.
- 카드결제, 현금영수증, 각종증명서 발행 가능합니다.

♣ 기타사항 ♣

- **체계적인 1:1 맞춤 지도** : 원장/강사진으로 구성된 레슨 시스템
- 시설 : 최고급 인테리어, 피아노 13대, 세스코 방역관리
- 위치 :
- 원비납부 : 레슨비는 선불이며, 수업 시작일은 **매 월 1일**입니다. **보름 이상 미납 시, 수업 중단됩니다.**
  - **'결제기간 : 전 달 25일-30일 사이**
- **학원휴무** : 국가 공휴일, 여름/겨울방학 5일 진행 (방학은 초과되는 수업일수를 모아 진행하므로 원비 차감 없음)
- **연주영상촬영** : 짝수달 **마지막 주 금요일**에 촬영하여 학부모님께 개별적으로 카톡 전송해드립니다.
- 정기우선상담 : 홀수달 **마지막 주 중** 진도상황, 교우관계 등을 상담 받으실 수 있습니다.
- 콩쿠르 : 무대경험을 통한 자신감 향상과 성취감을 느낄 수 있도록 콩쿨에 참여합니다.
  - **(콩쿠르 지도비 10만원, 참가비 발생)**
- **연주회** : 본 원 재원생은 매 년 2월마다 정기연주회에 참가합니다. **(외부를 대관, 참가비 발생)**
- **체험학습** : 연 5회 이상의 외부체험학습 (롯데월드,워터파크,아쿠아리움,음악회,전시회,영화관 등 **참가비 발생)**
- 학원SNS : 네이버검색→유어피아노음악학원 / 인스타그램→@yourpiano_official

☎ 123.4567

상담 안내문 예시

영어학원에서는 어떨지 궁금한 것이 학부모의 마음일 것이다.

유어피아노에서는 학부모님들을 대상으로 설문 조사를 진행한 적이 있다. 피아노를 시키는 이유와 피아노학원에 바라는 점 두 가지를 메인 테마로 잡았는데 이 두 항목의 설문 결과는 다음과 같다.

학부모 조사 결과 : 피아노학원에 바라는 점

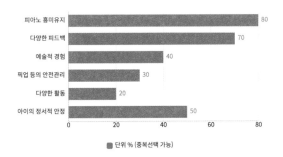

■ 단위 % (중복선택 가능)

학부모 조사 결과 : 피아노를 시키는 이유

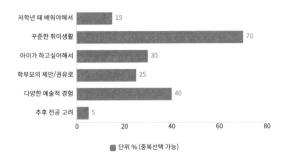

■ 단위 % (중복선택 가능)

피아노를 시키는 이유의 1위는 꾸준한 취미생활, 2위는 다양한 예술적 경험이고, 피아노학원에 바라는 점 1위는 피아노 흥미유지, 2위는 다양한 피드백이다.

이 조사의 결과를 보면 학부모가 원하는 것이 무엇인지 분명해진다. 아이가 꾸준하게 취미생활을 할 수 있도록 흥미를 유지시켜 주면서 학부모에게는 피드백을 다양하게 제공하는 것이다. 우리는 교육 서비스업을 하는 사람이다. 고객의 니즈, 즉 요구에 맞춰 부족한 부분을 충족시켜야 할 의무가 있는 것이다.

● 피드백은 어떻게 하는 게 좋을까

꾸준한 커뮤니케이션은 기본 중의 기본이라고 할 수 있다. 최소 월 1회 이상 학부모와의 전화 상담이나 문자 상담을 권장한다. 아이들의 연주영상이나 수업사진을 공유하거나, 진도상황을 수시로 체크하여 소통하도록 한다. 연주영상은 오픈된 공간에 올리는 것보다 개별적으로 전송하는 것을 추천한다. 학년이 같거나 비슷한 시기에 피아노를 시작한 다른 아이들의 연주영상을 보며 본의 아니게 비교를 하게 되어 클레임의 발생 위험이 높기 때문이다.

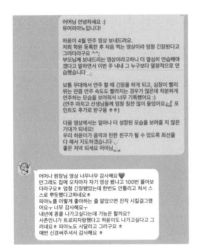
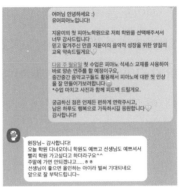

카카오톡 대화 예시

● 학원 내 문제 발생 시

아이의 잘못으로 발생된 문제더라도 학부모가 아이의 말을 먼저 듣게 되면 객관성에 근거하여 상황을 판단하기 어렵게 된다. 문제 발생 직후, 바로 학부모에게 연락하여 상황을 전달해야 하며, 잘못된 일에 대해서는 빠르고 정확하게 해결하는 것이 좋다.

지속적인 프로그램 기획

레슨 하나만으로 살아남기 쉽지 않은 요즘이다. 아이들이 피아노 레슨만으로만 꾸준히 흥미를 유지한다는 것도 사실 쉽지 않다. 꼼꼼한 레슨은 기본 중의 기본으로 지키면서, 수업 외적인

아로마 체험

아크릴화 체험

어버이날 이벤트

그립톡, 지비츠 만들기

프로필 사진 촬영

부분에서도 학부모와 아이들의 필요를 파악하는 것이 중요하다.

나는 학원을 운영할 때, 수업은 제대로 정확하게 하면서 노는 건 완전 더 제대로 한다는 것을 눈으로 보여주었다. 실제로 유어피아노의 원생들은 수업 시간만큼은 집중하여 피아노를 연습하고, 휴일에는 그 누구보다 즐겁고 행복하게 노는 모습을 보여준다. 수업과 흥미, 부가 활동까지 학부모의 니즈를 파악하여 접목하였기에 유어피아노만의 금요특강과 토요행사는 여전히 그 반응이 뜨겁다.

아낌없이 준만큼 되돌아온다!

학원을 운영하면서 어떤 일을 기획할 때, 나는 시간과 돈을 아꼈던 적이 없었다. 그만큼 아이들에게 아낌없이 주었고, 학부모님들에게도 마찬가지였다. 선물의 규모가 중요한 것이 아니라 마음이 중요하다. 진심은 통하기 때문이다. 자그마한 선물 하나가 받는 사람에겐 세상을 다 가진 듯 큰 기쁨을 줄 수도 있다. 아이들을 사랑하는 마음이 크다면 표현하자! 마음껏!

동기부여를 위한 도구들

원생들이 피아노를 더 즐겁게 배울 수 있도록 학습 의욕을 불러일으키는 일은 꼭 필요하다. 동기부여를 위하여 레슨 때마다 학생들 개개인에 맞게 칭찬 등 말로써 그들의 열정을 끌어내는 것도 중요하지만, 원생 전체를 대상으로 긍정적인 자극을 줄 수 있는 방법도 굉장히 유용하다. 여기 몇 가지 소개한다.

1) 마켓 데이(포인트 마켓)

유어피아노는 1년에 2번, 5월 어린이날과 12월 크리스마스에 마켓 데이를 진행한다. 그날 물건을 사는 데 사용되는 포인트는 평소 아이들의 수업 태도와 성실도, 참여도에 따라 지급되는 것인데, 한번 마켓 데이를 경험한 원생은 포인트 확보에 열정적이 된다. 자세한 내용은 '다양한 특별활동 소개' 중 '포인트 마켓'에서 확인할 수 있다(182쪽 참조).

2) 뽑기 기계

누구나 어릴 적 뽑기 기계에 관심을 보였던 시기가 있을 것이다. 주 타깃층이 초등 저학년인 만큼 아이들 대부분 뽑기 기계에 큰 관심을 보인다. 캡슐 안에는 다양한 장난감들과 먹거리, 쿠폰 등을 넣어 둔다. 뽑기를 할 수 있는 규칙을 적어 뽑기 기계 안에 게시해두는 것이 좋다. 열피쌤 카페에서 주기적으로 뽑기 기계 및 캡슐 공동구매를 진행하고 있다.

뽑기 기계는 원생 모두가 이용할 수 있으나 뽑기를 위한 코인을 받아야만 뽑기를 할 수 있다. 코인은 특별한 경우에 제공하는데, 예를 들면 학원에 처음 등록하고 수업을 마쳤을 때, 이론 교재나 실기 교재를 마쳤을 때, 수업 태도가 매우 우수했을 때 등이다. 위의 경우가 아니더라도 수업을 유독 지루해하는 날이나 피곤한 몸을 이끌고 힘겹게 등원하는 경우에도 뽑기 코인을 지급하고 있다.

3) 미니 마트

마켓 데이와는 별개로 아이들이 소소하게 모은 포인트를 사용할 수 있는 미니 마트를 진열해두고 있다. 주로 아이들이 좋아하는 캐릭터 물품이나 먹거리들을 진열해두고 있으며, 보통 한 달의 성과에 대해 칭찬할 때 이용하고 있다.

미니 마트도 항시 운영하는 것은 아니고 특별할 때에 연다. 음악학원의 비수기인 1, 2월에는 매월 마지막 주마다 쇼핑을 할 수 있고, 나머지 달에는 5월 어린이날 포인트 마켓 미리보기 상품 진열용, 12월 크리스마스 포인트 마켓 미리보기 상품 진열용으로 사용하고 있다. 때로는 수업 태도가 눈에 띄게 좋아질 때 랜덤으로 지급하기도 한다.

아이가 원하는 것이 무언인지 파악할 것

아이의 성향에 따라 실기/이론 비중을 조정한다. 너무 원칙에 맞춰 지도하는 것보다는 아이가 음악에 대한 흥미를 잃지 않도록 유도하는 것이 중요하다. 피아노 치는 것을 더 좋아하는 아이라면 치고 싶은 곡이 생겼을 때 자유롭게 연주할 수 있도록 악보를 골라주거나, 해당 곡 위주로 레슨을 진행하며 어려워하는 곡의 연습량을 조절해준다면 아이가 재미있게 피아노를 배울 수 있을 것이다.

진심을 담아 사랑으로 아이들을 대할 것

아이들은 단순하다. 단순하기 때문에 선생님이 나에게 진심인지 아닌지를 단번에 알아차릴 수 있다. 사람은 누구나 관심을 받고 싶어 하고 관심을 갈구한다. 아이들도 마찬가지이다. 아이의 표정, 옷차림, 말투 하나하나에 귀 기울이고 살핀다면 아이들은 그 자체만으로도 행복을 느낄 것이다. 교육도 중요하지만, 아이들의 마음을 살피는 것 또한 매우 중요하다. 우리 학원 아이들에게 음악의 즐거움과 선생님의 사랑을 전달해주도록 노력해보자.

아이들의 말에 상처받지 않기

아이들이 하는 단골 멘트가 있다. "피아노 진짜 재미없다", "내일부터 안 올래요", "내가 돈 내는 거잖아요" 등등. 아이들은 '아이들'이기 때문에 어른과 다르다. 운영 초기에 아이들의 저 한마디가 내 가슴을 얼마나 찌르던지, 그 말 한마디가 상처로 남아 두고두고 생각났다. 저런 말들을 하도 많이 들어서인지 아니면 나 스스로 깨닫게 된 것인지 모르겠지만, 시간이 흐르고 나서 깨달은 것이 있다. 나를 힘들게 하지 않으려면 순진한 아이들의 말에 일일이 반응하며 속앓이 할 필요가 없다는 사실 말이다. 생각보다 단순하다. 애들은 애다. 그게 전부다. 미운 놈에게 떡 하나 더 준다는 말이 있듯, 저런 말을 하는 아이들에게 더욱더 마음을 담아 진심으로 다가가 보자. 이럴 때 필요한 것은 "너만 주는 거야", "우리끼리 비밀이야" 등 아이와 선생님만의 비밀을 만드는 것이다. 아이가 특별한 존재임을 인식시켜주는 것이 중요하다.

고학년을 유지하는 방법

나는 내가 학원을 운영해 온 긴 기간 동안 이 일을 그만두고 싶었던 적이 단 한 번도 없었을 정도로 학원 운영 전반적인 부분에서 그 누구보다 즐기며 일하고 있다고 생각한다. 학원은 원장이 어떤 마인드를 가지고 운영하느냐에 따라 성공의 유무가 결정되고, 원장이 어떻게 이끌어주느냐에 따라 아이들이 음악을 대하는 태도가 결정된다. 그러니 원장은 단순히 아이들의 음악적인 부분만 이끌어주는 역할이 아닌 인생 멘토의 역할도 하고 있다고 자부한다.

1) 학원 운영 외 시간에 투자하라!

나는 학원 근무 시간 외, 특히 저녁시간이나 주말에 아이들과 많은 교류를 한다. 예를 들면, 함께 피자와 떡볶이를 먹고, 간식으로 탕후루나 빙수를 먹으며, 인생 네 컷에서 사진을 찍고, 오락실에서 인형뽑기도 한다. 어떤 날에는 다같이 한강으로 가서 라면을 먹고, 공원에서 춤을 추며, 홍대거리를 구경한다. 아이들은 우리 학원에서만 경험할 수 있는 우리 학원만의 커뮤니티를 몸으로 느끼게 되면서 학원의 모든 활동뿐만 아니라 피아노에 애정을 갖게 된다. 사실 내가 이러한 활동을 시작하게 된 특별한 계기는 없다. 내 성향 자체가 아이들을 좋아하고, 외부에서 활동하는 것을 좋아하며, 내 아이들에게 가능한 많은 경험을 시켜주고 싶어 한다. 이러한 마음들이 복합적으로 작용하여 학원 사업에도 접목된 것뿐이다. 이러한 활동을 하는 것에 큰 어려움이나 불편함은 전혀 없다.

그래서인지 유어피아노에는 학년별 분포도가 비교적 완만하다. 보통 대부분의 피아노학원들은 저학년의 비중이 상당히 높고, 고학년으로 갈수록 인원이 줄어드는데, 유어피아노의 고학년들은 다른 학원 스케줄을 조절하면서까지 피아노학원에 빠지지 않고 등원하기 때문에 전 학년이 골고루 분포되어 있다.

아이들과 최대한 많은 소통과 교류를 하자. 아마 모두 경험했을 것이다. 학창시절 선생님의 역할이 얼마나 중요한지를. 같은 과목이라도 어떤 선생님이 지도하느냐, 학생들과 어떻게 소통하느냐에 따라 과목의 성취도가 월등히 차이 난다. 피아노학원도 마찬가지이다. 원장이 어떻게 아이들에게 진심을 담아 교육하고 소통하느냐에 따라 아이들이 오고 싶어하는 학원 여부가 판가름 난다.

2) 좋은 본보기를 만들자

피아노학원에서 가장 좋은 본보기는 '피아노를 잘 치는 언니, 오빠'이다. 아이들은 자연스럽게 그 언니, 오빠들을 동경하게 되고, '나도 저렇게 될 거야!' 같은 생각을 하면서 피아노 연습에 매진하게 된다. 실제로 유어피아노의 마스코트와도 같은 한 친구는 예중, 예고에 입학하면서 실력이 월등하게 늘었는데, 이 친구의 연주를 보고 들은 아이들 중 일부는 전공을 꿈꿀 정도가 되었다. 이 친구는 이런 식으로 학원의 많은 아이들에게 동기를 부여하고

있다.

그러나 여기서 끝이 아니다. 단순히 동기만 부여하는 것에서 끝나는 것이 아니라 아이들에게 연주할 수 있는 기회를 만들어주는 것이 필요하다. 유어피아노에서는 1년에 1번 이상 학원 정기 연주회와는 별개로 서울에 있는 아트홀에서 연주할 기회를 고학년들에게 부여한다. 아이들은 큰 무대에서의 연주를 통해 더 큰 성취감을 느끼고, 이 아이들의 연주는 그 자체로 저학년 아이들에게 동기부여가 된다. 곧 선순환이 이루어지는 것이다.

사실 아이들의 전공 결정 여부가 중요한 것은 아니다. 피아노가 좋아서 전공을 결정하는 것도 좋지만, 피아노라는 악기를 통해 이 아이들이 느끼게 될 귀중한 경험과 추억을 평생 간직할 수 있게 해주는 것이 더욱 중요하다. 이렇게 될 수 있도록 음악과 함께하는 시간들을 많이 만들어주자.

저자 꿀팁

1년에 한두 번 정도는 학부모님들께 깜짝 기프티콘을 발송한다. 여름에는 아이스 커피, 겨울에는 따뜻한 커피 한 잔씩 보내드리는데, 한 잔의 금액은 2,000원에서 2,500원 선이다. 원생 수에 따라 소요 비용이 천차만별이지만, 커피 한 잔으로 그 학부모를 내 사람으로 만들 수 있으니 괜찮은 투자로 볼 수 있다. 기프티콘과 함께 "예쁜 ㅇㅇ이를 우리 학원에 믿고 맡겨주셔서 감사드리고 앞으로도 잘 부탁드린다"는 짤막한 내용을 보내면 이것만으로도 학부모들은 감동을 받는다. 일명 고객관리인 것이다.

학부모 만족도 조사

유어피아노는 매년 12월~2월 사이 학부모 만족도 조사를 실시한다. 네이버 폼을 이용하며, 모든 설문은 익명으로 진행하고 있다. 이렇게 하는 이유는 학부모님들의 객관적이고 냉철한 평가가 실질적인 학원 운영에 큰 도움이 되기 때문이다. 학부모님의 또 다른 시각은 내가 미처 생각하지 못했던 부분을 발견하게 해주어 방향성을 잘못 잡았던 부분을 수정, 보완하기에 수월하다.

평가 항목은 전반적인 만족도와 피드백, 진도, 소통 등에 대한 만족도이고, 학원의 좋았던 점과 보완이 필요한 점을 서술형으로 답변받고 있다.

학부모 만족도 설문 조사 예시

04 특강 및 특별학습

매월 1회의 음악특강은 필수

유어피아노에서는 매월 1회의 금요특강을 활용하여 아이들의 포괄적인 음악학습을 꾀하며 더불어 흥미를 유도하고 있다. 간혹 특강 수업을 '노는 시간'으로 인식하는 학부모도 있지만, 여기에 흔들릴 필요는 전혀 없다. 아이들이 폭넓게 다양한 음악을 경험할 수 있게 해주어야 하는 일은 매우 중요하며 꼭 필요한 일이다. 피아노학원이라 하더라도 피아노 수업만으로 모든 음악을 접하게 해주는 것보다는 다양한 특강 수업으로 더 큰 세상을 보여주는 것이 좋다.

원활한 특강 수업을 위해서는 사전조사가 필수인데, 이때 많은 시간과 노력이 소요된다. 또한 특강의 종류에 따라 교구나 악기, 인쇄물 등을 준비해야 하기 때문에 금진적인 부분도 반드시 염두에 두어야 한다. 사실 특강 수업이 없다면 훨씬 편할 수 있다. 이것저것 고려할 필요 없이 편하게 레슨만 하면 되니 말이다. 그러나 교육적으로 특강 수업은 꼭 필요하며 아이들의 흥미를 잡기 위해서라도 더더욱 필요하다. 내가 책임지고 가르치는 아이들에게 하나라도 더 가르치기 위한 끊임없는 노력은 필수이다.

저자의 특강 진행 리스트

1) 컵타

컵타 기본리듬 두 가지 패턴을 지도한 후, 노래에 맞춰 다 같이 호흡을 맞출 수 있도록 한다. 조를 나누어 연주하기, 조별 리더를 정하여 리더의 지도 아래에서 연주하기 등을 통해 서로 화합하는 마음을 기를 수 있고, 리더 역할을 통해 리더십을 기를 수 있다.

2) 음악 부채 만들기

학원 이름, 음악용어, 건
반 그림 등을 필수로 그리게
한다. 아이들이 직접 그림을
그려보며 다양한 요소들을
확실하게 기억할 수 있게 된

다. 가장 많은 용어를 활용하여 부채를 꾸민 아이에게는 선물 등
시상을 한다.

3) 지휘

지휘전공 선생님을 초빙하여 지휘자의 역할, 양손의 역할,
지휘 패턴 등을 배우고, 음악에 맞추어 지휘를 하게 한다. 한
명 혹은 그룹을 나누어 앞에 나와 지휘해보고 선물 등 시상을
한다.

4) 음표 쉼표 사방치기

전기 테이프를 이용하여 바닥에 사방치기틀을 그린 후, 숫자에 맞는 음표나 쉼표를 그린다. 조별 진행이 수월하며 음표의 이름과 박자를 외쳐야 다음 단계로 넘어갈 수 있다. 음표 학습을 쉽고 재미있게 할 수 있는 대표적인 특강이다.

5) 핸드벨

서로의 소리를 들으며 협동심을 기를 수 있는 대표적인 단체 음악 활동이다. 음표를 모르는 아이들도 함께 참여할 수 있도록 오선지가 아닌 스케치북에 음표만을 적어놓거나 계이름을 적어두는 것도 좋다.

6) 악기특강 및 열쇠고리 만들기

다양한 악기에 대한 설명을 들어보고, 악기 열쇠고리를 직접 꾸며본다.

7) 버스킹

유어피아노에서는 선선한 날씨인 봄과 가을에 버스킹을 진행한다. 학원 근처의 공터에서 진행하기도 하고, 카페와 제휴를 맺어 진행하기도 한다. 학원의 상황에 맞춰 적당한 장소를 정하여 그랜드 피아노나 업라이트 피아노, 디지털 피아노 중 하나를 선택하여 야외무대를 세팅하고, 가급적 원생 모두의 참여를 권장하고 있다. 아이들은 한 곡을 완성하며 느끼는 성취감을 얻고, 불

특정 다수 앞에서의 연주를 통해 자신감이 향상된다. 학원은 대대적인 행사를 통해 아이들과 학부모님들의 호응을 얻을 수 있으며, 학원 마케팅에도 큰 도움이 된다.

8) 피아노 구조 배우기

내가 연주하는 악기에 대한 이해는 필수다. 피아노의 모든 페달의 용도와 한 음이 소리를 내기까지 얼마나 많은 부품이 필요한지를 설명해준다. 한 명씩 피아노 앞에서 연주해보고 연주사진을 찍어 학부모님께 전송해드리면 아주 센스 만점!

9) 성악특강

다 함께 노래를 배워보는 합창특강과는 다른 수업이다. 합창특강이 가능할 경우에는 합창특강으로 진행해도 좋은데, 성악특강에서는 아

무 곳에서나 배우기 힘든 발성, 호흡, 자세에 관한 것들을 배워볼 수 있다. 우수한 친구는 앞에서 나와 부르도록 하는 것이 좋다.

10) 음악 보드게임

아이들이 이해하기 어려운 음악용어나 다양한 악상 기호 등을 게임으로 배워본다. 흥미도를 높이면서 게임으로 쉽고 자연스럽게 용어를 익힐 수 있다.

11) 레퍼토리 데이

이론 수업을 진행하지 않고 피아노 수업만 진행해보는 날이다. 그 달에 특별히 유행하는 가요나 CF송을 초급, 중급, 고급으로 나누어 배우게 한다. 완성된 곡은 부모님 앞에서 연주해보게 한 후 인증 동영상을 보내오면 선물을 증정하는 것도 좋은 이벤트가 된다.

12) 피아노 건반 만들기

에바(eva)를 활용하여 건반을 만들어본다. 전후작업이 상당하여 신경 쓸 것이 많지만 보람 있는 수업이다. 두께가 다른 에바를 이용하는데, 검은건반은 두꺼운 에바를, 흰건반은 얇은 에바를 사용한다. 완성작이 예쁘기 때문에 여자아이들의 폭발적인 반응을 볼 수 있다.

13) 컬러 비즈 활용하기

컬러 비즈를 활용하여 피아노 건반을 비롯하여 다양한 캐릭터 등을 만들어본다. 완성작은 가방에 달 수 있게 링을 걸어 주거나 핸드폰 고리로 만들어주어도 반응이 좋다.

14) 음악 감상

스토리텔링 형식으로 진행하는 것이 좋다. 주제를 정하여 다양한 곡 또는 한 작곡가의 곡을 들려주면서 음악만 듣고 제목 맞히기, 작곡가  나 음악에 대한 퀴즈 맞히기 등 아이들의 참여도를 높일 수 있는 여러 가지 문항을 만들어 진행하면 아이들의 흥미를 더욱 끌 수 있다.

15) 음악이론 집중특강

두세 달에 한 번 정도는 피아노 수업 없이 이론 수업을 집중하여 진행하는 것도 좋다. 이론이 부족한 아이에게 더 신경 쓸 수 있고 용어 설명 및 음악 퀴즈 등을 통해 이론을 더욱 체계적으로 공부해볼 수 있다.

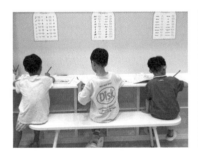

16) 청음특강

어려서부터 청음능력을 길러주는 훈련을 해주는 것은 매우 좋다. 아이들이 이 훈련을 통해서 음의 방향성, 각 화성의 느낌을 느낄 수 있도록 감각을 일깨워줄 수 있다. 음 맞히기, 오선지에 음 그려보기 등 다양한 훈련으로 진행할 수 있다.

17) 건반과자 만들기

피아노에 대한 흥미 상승과 건반에 대한 이해를 동시에 충족시킬 수 있는 좋은 방법이다. 건반을 이해하며 맛있는 과자까지 먹을 수 있는 일석이조의 특강으로, 진행시간이 짧아 음악 보드게임이나 빙고게임 등 다른 프로그램과 함께 결합하여 진행하는 것을 추천한다.

18) 융합수업

예술융합도 좋지만 사회/과학/한국사 등을 결합한 음악수업도 굉장히 반응이 뜨겁다. 아이들이 어려워하는 대표 과목들을 음악과 결합하여 학습하기 때문에 암기력 상승과 더불어 음악성도 기를 수 있어 우리 학원만의 특별함을 강조하기에 좋은 특강이다.

19) 작곡특강

오선지나 오선보드를 이용하여 아이들이 음악을 만들 수 있도록 한다. 아무것도 없는 오선지 위에서의 작곡은 힘들기 때문에 사전 설명이 필요하다. (예시: 8마디 작곡, 첫 음과 끝 음은 무

조건 '도'로 끝내기, 4/4박자 개념 설명해주면서 한 마디에 4분음표를 4개 적을 수 있도록 도와준다.)

20) 국악특강

일반적으로 서양 음악을 주로 다루는 피아노학원의 특성상 아이들이 국악을 접할 수 있는 기회가 흔치 않기 때문에 국악 전문 연주자를 초빙하여 설명과 연주가 들어가는 구성으로 프로그램을 만들어본다. 국악의 정의, 장구와 판소리의 특징, 민요와 시김새의 특징 등을 배워보고 선생님의 연주를 통해 국악만이 줄 수 있는 우리나라의 정서를 느낄 수 있다. 판소리뿐 아니라 가야금, 해금, 대금 등 다양한 악기와의 접목도 가능하다.

21) 리듬 특강

학원에 많은 아이들이 계이름을 보고 읽는 것보다 리듬을 정확하게 지키는 것에 더 큰 어려움을 느낀다. 리듬 특강을 통해 다양한 리듬을 직접 몸으로 체득하게 되면 실제 연주에도 많은 변화가 일어난다. 붐웨커나 드럼스틱 등을 이용하여 선생님이 지정한 리듬을 반복 학습할 수 있도록 유도한다. 미션을 제시해주고 완료했을 때 적절한 보상을 주는 것도 좋은 방법이다.

22) 몸으로 표현해요

음악의 여러 가지 요소들을 몸으로 표현해보는 특강이다. 악기의 종류, 음자리표, 빠르기말, 음악 기호 등을 아이들의 창의력으로 만들어내는 활동이며, 모든 원생이 돌아가며 참여할 수 있는 특강이기 때문에, 단시간 내에 몰입도를 높일 수 있는 특강이기도 하다. 생각지도 못한 아이들의 센스에 분명 깜짝 놀라게 될 것이다.

23) 뮤직 도미노

도미노 블록을 이용하여 음악의 여러 가지 요소들을 만들어 본다. 눈으로 보는 것과 직접 만들어보는 것은 다르기 때문에 아이들의 음악 이론 학습에 굉장히 유용하다. 또한, 개인과 소그룹으로 나누어 스피드 미션을 주면 더 생동감 넘치는 활동으로 유도할 수 있다.

24) 사보특강

작곡을 하는 것이 아니라면 아이들이 악보를 직접 그려볼 일이 거의 없다. 아무렇지 않게 봐왔던 악보의 구성을 손으로 그리며 파악할 수 있게 되는데, 음자리표, 음표와 쉼표의 위치, 음표간의 간격, 박자표와 마디의 구성 등을 배울 수 있어 사보특강 하나로 기초 음악이론 특강이 가능하니 일석이조인 셈이다.

25) 클레이특강

음악 용어를 쉽고 재미있게 배워볼 수 있는 특강으로, 유치부나 초등 저학년 아이들의 소근육 발달에도 좋다. 음악 용어가 적혀있는 표를 만들고 그 안에 클레이를 사용하여 용어를 만들어 붙여 본다.

26) 그 외 다양한 음악교구 활용

내가 음악학원을 운영하는 데 어려움이 없도록 큰 도움을 주는 것 중 하나가 바로 음악교구이다. 여러 아이디어가 접목된 다양한 구성, 아이들이 좋아할 수밖에 없는 센스있는 디자인으로 확실한 교육적 효과를 주는 음악교구들은 자칫하면 지루할 수 있는 음악이론을 놀이와 게임으로 재해석하여 자연스럽게 아이들이 습득할 수 있도록 유도한다. 이러한 음악교구들은 다양한 업체들에서 제작하여 판매 중이며, 저자는 민뮤직예술장학진흥원, 채움레슨, 재인교구, 뮤직뮤스토어의 교구를 추천한다.

다양한 음악교구 활용 예시

초청 행사

유어피아노에서는 주기적으로 초청 행사를 진행한다. 우리 학원 원생뿐 아니라 다니지 않는 아이들도 초대하여 음악적인 면이나 흥미 면에서 다양한 체험을 할 수 있도록 행사를 준비한다. 실제로 초청 행사를 통해 학원에 등록하게 된 원생들이 다수 있으며, 타 학원과의 차별성을 보여주어 입소문으로 연결된다. 어떤 행사를 진행하느냐에 따라 회비를 받기도 하고, 안 받기도 한다.

행사 홍보는 대략 세 가지 방법으로 진행한다. 학원 휴대폰에 저장된 번호를 활용하여 초청 행사 광고 문자를 보내고, 근처 아파트 게시판에 홍보지를 붙이며, 맘카페와 블로그, 인스타그램에도 행사를 광고한다. 이러한 행사들은 최대한 많이 눈에 띄게 홍보해야 한다. 행사를 진행한 후에는 사진이나 동영상 자료를 모아 학원 마케팅 자료로도 활용할 수 있다.

초청 행사 – 동서양 현악기의 만남 기획연주

매월 1회씩 특별한 체험학습 진행

유어피아노에서는 매월 1회씩 외부 체험학습을 진행하고 있다. 요즘은 맞벌이 가정이 대부분이기 때문에 어떤 면으로 보자면 학부모님들이 '쉬면서' 온전히 주말을 보내실 수 있도록 학원에서 그분들의 편의를 위해 진행하는 서비스라고 보아도 무방하다.

체험학습을 진행하면 원생들의 높은 참여도를 기대할 수 있고, 피아노학원에 다니지 않고 있는 원생들의 형제와 친구들을 초대하여 등록으로 유도할 수 있다. 즉, 체험학습은 기존원생 관리뿐만 아니라 신입생까지 유치할 수 있으며 학부모님들의 호감까지 얻을 수 있어 일석삼조의 활동이라고 볼 수 있다.

태권도 학원이 아닌 피아노학원에서 체험학습을 가는 경우는 흔치 않다. 이 부분을 노려야 한다. 다른 학원들이 하지 않는 무언가를 끊임없이 시도하는 것이다. 체험학습은 시즌별로 프로그램 구성이 다르기 때문에 체험학습 중개업체를 통하면 체험학습을 훨씬 수월하게 진행할 수 있다. 일단 한여름에 워터파크에 가는 것은 가급적이면 피하는 것이 좋다. 그런 곳에서는 아이들 관리가 어려우며 무엇보다도 아이들이 시간 개념을 상실하게 되므로 어려움이 있다.

체험학습은 아이들의 안전과도 직결되기 때문에 꺼려하는 원장들이 많다. 업체를 통해서 체험학습을 진행할 때에는 업체에서 보험까지 책임지기 때문에 혹시라도 문제가 생겼을 경우 사고처리도 복잡하지 않다. 그러나 개별적으로 보험에 가입할 경우에는 보험료 자체는 1인당 몇 백 원 정도로 저렴하지만 절차가 까다롭기 때문에 (주민등록번호 수집 및 학부모에게 보험 가입 확인 전화 등) 업체를 통해 진행하는 방법을 추천한다.

체험학습을 가기 어려운 시즌에는 원내 혹은 가까운 곳에서 진행할 수 있는 특별활동으로 대체하면 된다.

체험학습 참가 공문 예시

♩ 5월 체험학습

- 일 시 : 5월 27일 토요일 9시 반 출발(시간 엄수 부탁드립니다.)
- 장 소: 코엑스 아쿠아리움 & 코엑스 메가박스
- 회 비: 35,000원 (아쿠아리움 입장료, 영화관람료, 점심식사, 간식, 버스대절료 등을 모두 포함한 금액이며, 영화관람 시 먹을 간식은 개별적으로 가져옵니다.)
- * 버스좌석 관계로 선착순 40명까지만 신청 가능합니다. 밴드창에서 선착순 댓글로 마감하겠습니다.

학부모에게는 이와 같이 짤막하게 안내문이 나가도 무방하다. 아이들이 참가신청을 하고 난 다음에는 신청한 아이들의 이름을 크게 적어 학원 입구나 사람이 많이 지나가는 길목에 부착해 놓는다. 이렇게 하는 이유는, 아이들이 자신의 이름이 노출되는 것을 자랑스러워하기 때문이다. 이 친구도 가고 저 친구도 가는데 나만 가지 않는 경우는 드물다. 친구들이 가면 대부분 따라가기 마련이다. 또한 도착시간과 출발시간 안내는 물론이거니와 모든 아이들의 체험사진과 단체사진 및 동영상 등을 예쁘게 찍어주고, 시간에 따라 학부모님께 전송해드린다. 작은 것이지만 이러한 배려를 통해 학부모님들께 신뢰를 얻을 수 있다.

나의 경우 체험학습 회비는 평균 35,000원으로 책정하고 있으며 고가의 체험학습일 경우 5만 원까지 책정하기도 한다. 회비 책정은 원장 자율이지만 체험비, 버스대절비, 간식비, 점심식사비, 인건비 등에서 모자람이 없어야 하므로 적당한 금액으로 책정하는 것이 좋다.

시도하면 좋을 다양한 특별활동 소개

1) 연탄봉사 활동

지역 내에서 우리 학원에 대한 좋은 이미지를 남길 수 있는 대표적인 외부활동이다. 2024년 기준 연탄값이 장당 950원으로 책정되어 있는데, 봉사활동 인원에 따라 500~1,000장의 연탄을 나르게 되고, (각 지역의 연탄은행과 상의) 총 배달 장수를 결정하여 적당한 회비를 걷는다. 나의 경우 한 명당 3만 원의 회비를

걷었으며, 연탄봉사를 마친 이후엔 다 같이 짜장면을 먹었다. 봉
사활동확인서는 연탄은행 측에 요청하면 발급받을 수 있다.

2) 포인트 마켓

포인트 마켓을 하기 위해서는 먼저 규칙을 정하여 그에 맞춰
아이들에게 포인트를 지급해야 한다. 아이들은 차곡차곡 포인트
를 모았다가 포인트 마켓 데이에 마음껏 포인트를 사용할 수 있
다. 포인트 마켓은 아이들이 가장 기다리는 날 중 하나가 되며,
아이들에게 동기를 부여하고, 피아노학원이 아주 재미있는 곳이

란 인식을 주게 된다. 유어피아노는 어린이날과 크리스마스이브, 이렇게 1년에 2회 포인트 마켓을 진행한다. 포인트는 여러 가지 규칙을 적용하여 지급하지만 (아이들 모르게) 거의 공평하게 나누어준다. 포인트 마켓을 열기 전에 아이들에게 갖고 싶은 물건에 대한 설문조사를 하거나 문방구에 가서 사장님에게 물어보면 포인트 마켓 때 준비해둘 물건 목록이 완성된다.

3) 암보 대회 / 원내 콩쿠르

콩쿠르나 연주회를 부담스러워 하는 학부모나 학생들은 분명히 있다. 암보 대회/원내콩쿠르는 이런 문제에서 자유로울 수 있는 활동으로, 접근이 쉽다. 아이들이 한 곡을 완벽하게 암보했을 때 상을 주는 대회로 운영하면 되는데, 대회 규정은 원장 자율이다. 나는 세 가지 항목, 즉 완벽한 암보, 악상 표현, 감정 표현으로 항목별 점수를 매겨 시상했다. 1등은 치킨 기프티콘, 2등은 설빙이나 배스킨라빈스 기프티콘, 3등은 학용품 세트를 각각 증정하였고, 암보 대회 날 전원 맛있는 간식과 작은 선물을 준비하여 학원생 모두와 함께 즐거운 시간을 보냈다.

4) 세뱃돈 증정행사

색다른 이벤트로 세뱃돈 증정행사를 추천한다. 나는 매 설날마다 원생들 전원에게 세뱃돈을 증정한다. 이때 무조건 세뱃돈을 주는 것이 아니라 세배하는 방법과 예절 등을 먼저 가르쳐 준 다음, 원장선생님과 여러 선생님들께 세배를 하고 나면 증정한다.

세뱃돈만을 주는 것이 아니라 예절 교육이 함께 이루어지니 학부모님들의 반응 또한 뜨겁다. 당연히 많은 아이들이 설날을 기다린다. 세뱃돈을 준비할 때에도 팁이 있다. 전체 세뱃돈에서 10%만 금액을 다르게 책정하는 것이다. 예를 들면, 세뱃돈 봉투의 90%에는 천 원을 넣어두고, 10%에는 3천 원을 넣는 것이다. 이러한 센스는 아이들에게 소소한 기쁨을 준다.

5) 원내 캠프

원내 캠프는 말 그대로 학원 내에서 캠프를 진행하는 것으로, 한 번 진행해보면 또 하자는 말이 아이들 입에서 계속해서 나온다. 나는 연 1회 이상 원내 캠프를 진행한다. 학원에서 일정 시간 동안 피아노만 배우고 연주했던 아이들은 같은 공간에서 잠을 잔다는 것에 아주 신나한다. 유치부나 초등 저학년은 혼자 자는 것이 익숙지 않아 울게 되는 경우가 많으니 반드시 학부모님과 사전에 소통이 필요하다. 캠프는 금요일 저녁-토요일 아침까지 진행을 하는 것이 좋다. 평일-평일 일정은 당연히 어렵고, 토요일-

일요일 진행 역시 교회에 다니는 아이들이 참석하지 못하기 때문에 비교적 여유로운 금요일-토요일 진행이 가장 무난하다. 캠프 프로그램은 자유롭게 정해서 진행하면 된다. 추천하는 프로그램으로는 댄스파티, 장기자랑, 야식파티, 담력 테스트, 보물찾기(토요일 귀가 전) 등이 있다.

6) 연주회 관람

주로 초등 고학년부터 중·고등부까지 함께 참여하기에 좋다. 저학년들은 대부분이 지루해하거나 화장실에 가는 문제로 순조로운 연주회 관람이 힘드니 주의해야 한다. 서울에 살지 않으면 방문하기 힘든 예술의 전당이나 세종문화회관 등 서울의 크고 유

명한 연주회장을 방문하여 아이들의 견문을 넓혀주는 것은 매우
바람직한 일이다.

7) 종합체험장

배다골테마파크나 코엑스 등 넓은 공간에서 여러 가지 테마
를 정해 체험할 수 있는 종합체험장이 있다. 이런 장소들은 아이
들을 잃어버릴 일이 없고 관리가 편해 비교적 순조롭게 체험학습
을 진행할 수 있다. 아이들을 외부로 데리고 나가다보면 그 시간
동안 알게 모르게 스트레스를 받거나 예민해질 수밖에 없는데,
종합체험장은 그 스트레스가 현저히 낮다. 또한 한 가지만 체험
하는 것이 아니라 최소 네 가지 이상을 하루에 체험할 수 있어 지

도교사는 물론이거니와 아이들도 편하고 재미있게 체험할 수 있다는 것이 큰 장점이다. 체험금액도 매우 저렴하다.

8) 스케이트장

스케이트장에 데리고 갈 때 아이들에게 꼭 하는 말이 있다. "얘들아, 너희들은 피아노를 치기 때문에 손가락을 절대 다치면 안 돼. 소중한 손이니 다치지 않게 놀자!" 참 신기하게도 아이들은 이 말을 듣고 나면 정말로 손을 소중하게 지킨다. 장갑을 절대로 손에서 빼지 않고 넘어지더라도 손을 어떻게든 다치지 않으려 하는 모습을 보면 귀엽기도 하지만 무엇보다도 대견스럽다. 이때 원장은 스케이트를 타지 않고 실내에서 아이들을 살펴야 하며,

보조교사는 최소 1인 이상 함께하는 것이 좋다.

9) 마술 공연

학원의 공간이 충분하다면 원 내에서, 그렇지 않다면 근처에 있는 태권도장이나 검도, 합기도 등의 학원들과 함께 협업하여 마술 공연을 진행하는 것을 추천한다. 피아노학원의 주 타깃층이 유치부와 초등 저학년인만큼, 어린아이들의 흥미도를 최대로 끌어올릴 수 있는 행사 중 하나이다. 아이들이 마술 공연도 보고, 직접 마술 체험까지 할 수 있으면 일석이조이다.

더 많은 외부활동 프로그램은 유어피아노 인스타나 블로그에서 참고할 수 있다.

예술융합 특강의 중요성

아이들이 음악학원에 다니는 이유는 피아노가 좋아서이기도 하지만, 단순히 부모님의 선택을 따르는 경우일 때도 많다. 입시학원이 아닌 이상, 일반적인 음악학원에 오는 아이들이 모두 전공을 생각하고 등록하는 것은 아니다. 강제성이든 좋아서든 부모님 손에 끌려 온 아이들이고, 우리는 이 아이들의 가장 첫 음악 선생님이 될 가능성이 높다. 첫 음악을 좋아하게 만들고 나중에 전공까지 생각할만큼 음악이 즐겁다는 것을 알려주려면 선생님의 역량과 역할이 아주 중요하다.

과거, 대학에서 피아노 교육의 목적에 대해서 배운 적이 있다. 피아노 교육은 전문 연주자 양성을 목적으로 하는 것이 아니라 삶을 윤택하고 풍요롭게 만들기 위한 목적에서 시작한다는 것이었다. 피아노를 통해 자기감정을 표현할 수 있는 과정을 만들어 주는 것이 교사의 역할인 것이다. 테크닉과 전문성보다는 즐거움과 흥미의 비중을 높이고, 음악을 삶에 접목시킬 수 있게 하여 그들이 바른 정서와 인격을 가질 수 있도록 이끌어주어야 할 것이다.

민뮤직은 어떻게하면 즐겁게 음악과 친해질 수 있을까 꾸준히 연구하고 개발한다. 교육의 패러다임이 변화하고 있듯이 단지 노는 학습이 아니라 이 시대에 맞게 체계적인 융복합 프로그램으로 음악학원도 변화해야 한다. 특강을 통해 음악 상식을 익히고 교과 놀이학습을 결합하여 다양한 활동으로 음악과 자연스럽게 친해질 수 있게 해야 한다.

학원 운영의 특성상 특강 도입의 어려움을 나열하자면 다음과 같다:

- 매번 진행되어야 하는 특강 아이디어 고갈 부담감
- 부모님들의 특강 불만
- 음악학원 특성상 동 시간대 아이들 몰림
- 수준이 다른 전 학년 특강 진행

이러한 어려움으로 특강 도입의 문턱을 넘지 못하고 다시 평범한 음악학원으로 대부분 돌아가 버린다. 특강 도입의 문턱을 해결하기 위해 음악학원 맞춤 교육으로 민뮤직이 새로운 음악교육을 창시하였고, 아이들의 '관심과 흥미'를 중점으로 아이들 눈높이에 맞춘 특강 교육 프로그램은 학원가에서 꾸준한 사랑을 받고 있다. 그렇기에 민뮤직 특강은 아이들이 제일 먼저 반응한다. 다양한 활동으로 아이들의 높은 이해력과 습득력을 이끌어내 머릿속에 오래오래 기억되게 한다. 또한, '다중지능교육'이란 키워드를 소재로 개발한 프로그램을 통해 학부모님께 교육의 질을 높이 평가받아 남다른 음악학원, 트렌디한 학원으로 인정받을 수 있다.

현 시대에 다중지능교육! 음악학원의 특강 교육, 선택이 아닌 필수이다.

이민들레 대표_ 민뮤직예술장학진흥원

05

연주회 및 콩쿠르

원내연주회

연주회는 아이들에게 동기부여가 되며, 아이들의 성장을 확인할 수 있는 좋은 기회가 된다. 보통 일 년에 한 번 큰 규모로 진행되는 정기연주회는 무대의 규모나 복장, 진행 방식 등에 따라 비교적 무거운 느낌이 있는 데 반하여, 학원에서 작은 규모로 진행할 수 있는 원내연주회는 가까이서 서로의 호흡을 느끼며 대체적으로 따뜻한 분위기에서 진행된다. 원내연주회는 학원에서 진행되기 때문에 아이들이 비교적이 익숙한 분위기에서 연주할 수 있으며, 큰 비용을 쓰지 않더라도 무리 없이 연주회 진행이 가능하다는 장점이 있다.

유어피아노에서는 주기적으로 원내연주회를 진행한다. 주기적으로 아이들의 수업에 대해 피드백을 하고, 연주 영상을 보내지만 실제로 정숙한 분위기에서 아이들이 연주하는 것을 보고 듣게 되면 체감의 정도가 다르다. 뿐만 아니라 실제 연주를 보고 듣는 것만큼 정확한 피드백은 없기 때문에 1년에 최소 3회 이상의 원내연주회를 진행하고 있다.

연주력 증가의 기회, 학원 정기 연주회

모든 원생들이 참여할 수 있는 학원의 정기 연주회는 무대를 경험하고 연주력을 향상시키고 자신감을 증진시켜주는 좋은 행사이다. 또한 대부분의 학부모님들이 아이들을 무대에 세우는 것을 자랑스러워하기 때문에 연주회를 진행하는 데 큰 어려움이 없으며, 1년마다 아이의 연주력이 증가하고 있다는 것을 학부모가 직접 눈으로 확인할 수 있는 시간을 제공하는 절호의 기회이다.

연주회는 언제 하는 것이 가장 좋을까?

학원 정기 연주회를 할 때 절대적으로 피해야 하는 달이 있다. 바로 12월이다. 12월은 1년을 마무리하는 달이기 때문에 덩달아 피아노도 같이 마무리할 확률이 매우 높다. 12월 중후반쯤 학교에서 방학을 시작하면 피아노학원도 쉬고 싶어 하는 아이들이 생기는데, 이러한 일을 방지하기 위해서 연주회를 1월이나 2월로 잡는 것이 좋다. 연주회 참가를 위해서 12월에 학원을 그만둘 생각을 하지 못하게 되므로 이때가 연주회의 적기이다. 나는 매년 1월이나 2월에 콩쿠르나 연주회 등의 행사를 기획하여 원생들의 이탈을 방지하고 있다.

연주회 준비는 연주회로부터 2~3개월 전부터 준비하는 것이 보편적인데, 요즘같이 빠른 진도를 요구하는 현실에선 이 기간이 길게 여겨지기도 한다. 그래서 나는 연주회 날짜를 정하고 나면 한 달 동안 모든 진도를 멈추고 연주회 준비에 올인하는 편이다. 사람은 마감기한이 임박할 때 초유의 능력을 발휘하곤 하는데, 아이들의 경우도 마찬가지이다. 한 달 레슨, 생각보다 할 만하다.

연주회에 필요한 진행 및 지출 항목

1) 대관료

연주회 예정일로부터 최소 3개월 이전에 대관을 완료하는 것이 좋다. 난방비 포함인지, 피아노 사용료 포함인지, 좌석수가 어떻게 되는지, 대기실은 있는지, 동선 짜기에 수월한지 여부를 확인한다.

2) 드레스/헤어/메이크업

보통 업체를 섭외하는 경우가 많다. 참가인원에 따라 1인당 2만 원, 3만 원, 4만 원 등으로 책정이 되며 원장 입장에서는 신경 쓸 거리가 줄어들어 매우 편하다. 다만, 지출되는 비용이 꽤 큰 편이라 참가비를 많이 걷지 않게 되면 금액 부담이 있다.

3) 트로피

아이들이 연주회에 나가고 싶어 하는 중요한 이유 중 하나는 '트로피를 받기 위해서'라고 해도 과언이 아닐 정도로 많은 아이들이 트로피를 받고 싶어 한다. 트로피 만큼은 꼭 준비하기를 바란다. 트로피는 보통 개당 만 원에서 만 오천 원 사이이다.

4) 식대/간식

김밥보다는 대부분의 아이들이 잘 먹을 수 있는 밥버거를 추천한다. 100원을 추가하면 종이컵에 담아주니 편리하게 컵을 추가하여 먹는 것이 좋다. 기운이 없는 아이들이 중간중간 있기 때문에 초콜릿 바를 준비하도록 한다.

5) 현수막

대관장소에서 규격 현수막 사이즈를 사전에 조사하고, 회차를 기입하지 않고 학원명 + 정기연주회, 장소 정도만 기입하여 현수막을 맞춘다. 이렇게 제작하게 되면 매년 현수막을 맞추지 않아도 된다. 군이 한 번 쓰고 버릴 현수막을 비싼 돈 주고 맞출 필요는 없기 때문에 이렇게 추진하는 것이 좋다.

6) 포스터/팸플릿

업체에 제작을 의뢰하는 경우도 있고 직접 작업하는 경우도 있다. 나는 포스터만큼은 업체에 의뢰하여 연주회 한 달 전부터 학원 곳곳에 부착해 놓는다. 포스터와 팸플릿만 갖춰 놓아도 퀄리티 있는 연주회 같아 보인다.

7) 답례품

답례품은 선택사항이지만 내 경우 모든 연주회마다 답례품을 준비한다. 이렇게 하는 이유는 학원 연주회를 기념하기 위한 이유도 있지만 가장 중요하게는 연주회에 참여한 학부모님들을 빈손으로 보내지 않기 위해서이다. 답례품은 떡, 머그컵, 건반비누 등 매번 다양한 구성으로 준비하여 제공하고 있다.

8) 연주회 진행 요원

주말을 반납하고 오전부터 오후까지 풀타임으로 연주회를 위해 고생한 강사 및 진행 요원은 제대로 챙겨야 한다. 나는 매행사마다 10만 원의 수고료를 강사 및 진행 요원에게 지급하고 있다.

연주회에 필요한 진행 요원

담당	업무
출입문 관리	연주회 관객들의 입퇴장 관리 및 순서지 배부
피아노 이동	합창 전 피아노 이동이 있을 경우 필요
연주홀 이동	연주홀에서 대기실로 인솔 책임
음향·조명	동영상 송출, 마이크, 스피커, 조명 등 조작
무대 뒤	만일의 상황을 대비하여 무대 뒤에서 항시 대기

저자의 연주회 꿀팁

1) 연주회비 책정

연주회 준비를 위해 레슨비를 추가로 받는 경우는 없다. 뿐만 아니라 이미 책정되어 안내가 나간 후에 연주회비가 부족하다고 추가 비용을 청구할 수도 없다. 그러니 가르치는 강사와 원장의 인건비 및 당일 지출 비용 등을 잘 고려하여 연주회비는 사전에 철저히 계산한 후 모자라지 않게 책정해야 한다. 나는 평균 10만 원의 연주회비를 책정한다.

2) 연주회 참가자 명단

앞에서도 얘기했듯 아이들은 자신의 이름이 크게 걸려 있을 때 뿌듯함을 느낀다. 또한 친구들 모두 연주회에 참가하는데 나만 빠지는 경우도 적다. 그러니 연주회가 정해진 후 연주회에 참가하는 신청자의 이름은 크게 기입하여 잘 보이는 길목마다 붙여둔다.

3) 영상편지

연주회장을 감동의 눈물바다로 만들 수 있는 절호의 기회, 바로 영상편지이다. 영상편지는 연주회 전에 미리 찍어두어야 하는데, 영상편지를 촬영하기로 한 날에는 아이들을 한 곳에

영상편지

모아두고 불을 끈 다음 슬픈 영상을 틀어준다. 감정이 격해진 아이들을 한 명씩 살짝 불러내어 영상을 촬영한다. "엄마"라고 외치며 동시에 눈물이 주르륵 흐른다. 한 명 한 명 영상을 조합하여 슬픈 BGM을 깔아 편집한다. 연주회 때 영상을 틀고 난 다음 전체 합창으로 〈엄마아빠께〉와 같은 슬픈 노래를 부른다. 아이들과 학부모 모두 감동의 연주회를 경험할 수 있다. 이러한 영상편지 이

벤트를 모든 연주회 때마다 진행하는 것은 절대로 삼가야 한다. 대략 3년 정도의 주기로 돌아가면서 콘셉트를 잡아 기획한다.

4) 관람 전 주의사항 영상

연주회 관람 전
주의사항 영상

영화관에서 볼 수 있는 관람 전 주의사항 영상을 만들어보자. 영상의 주인공은 바로 연주회에 참가하는 아이들이다. 연주회 관람 전 주의할 점을 여러 가지 항목으로 나누어 아이들이 연기할 수 있도록 한다. 휴대폰 벨소리 매너모드, 잦은 이동 삼가, 음식 섭취 제한, 플래시 해제 등 다양하게 연출이 가능하다.

5) 사회는 아이들이!

두세 가지의 대본을 만들어 사회자 선발 공개 오디션을 진행한다. 사회자에 선발되기 위한 경쟁은 정말 치열하다. 섬세한 표정연기, 동작과 더불어 대사 전체를 외워오는 아이도 있었다. 사회자로 뽑힌 아이들은 스스로 매우 대견해 하며 친구들에게 자랑을 하는 경우가 대부분이다. 덩달아 학부모님들까지 뿌듯해 한다. 원장이나 강사가 사회를 보는 것보다 아이들의 참여로 연주회를 만들어가는 것이 더 반응이 뜨겁기 때문에 대본을 만들어 사회자들에게 미리 주도록 하자.

6) 연주회가 끝나고...

그리고 중요한 것이 있다. 연주회가 끝나고 나면 당분간 피아노를 쉬겠다는 학부모의 연락을 반드시 받게 될 것이다. 이러한 연주회를 졸업으로 생각하는 학부모들이 꼭 있게 마련이다. 이 현상은 당연한 것이니 미리 마음을 비워두는 것이 좋다. 원래 이런 식으로 그만두는 일이 많다. 상처 받지 말자.

연주회 멘트 예시

안녕하세요, 음악학원장, 학부모님들께 인사드립니다.
(앞으로 살짝 나와서 공손히 인사)

바쁘신 와중에도 우리 아이들을 축하해주시기 위해 오신 이 자리에 계신 모든 분들께 감사를 드립니다. 오늘은 저희 학원에서 처음 개최되는 연주회입니다. 아이들이 지난 날 동안 배워왔던 것을 사랑하는 부모님, 사랑하는 가족들에게 보여드리는 행사인 만큼 정말 열심히 준비했습니다. 지금 무대 뒤편에서 대기 중인 아이들이 얼마나 떨리고 긴장될까요. 간혹 아이들이 실수를 하더라도 귀엽게 봐주시고, 격려의 박수 부탁드립니다.

연주회 시작에 앞서 몇 가지 안내사항을 말씀드리겠습니다. 연주홀 내에는 음식물 반입이 금지되어 있습니다. 다과류는 홀 로비에 준비되어있으니 연주홀 밖에서 드시고 홀 내부로 입장해주시면 감사하겠습니다. 또한, 아이들 한 명 한 명 동영상 촬영과 사진 촬영이 진행되고 있으니 휴대폰을 꺼두시거나 매너모드로 바꾸어주시길 부탁드립니다.

지금부터 OOO음악학원 제1회 정기연주회를 시작하도록 하겠습니다. 먼저, 지난 1년간의 모습을 담은 영상을 보시겠습니다.

(영상 종료)

첫 번째 순서는 OOO어린이입니다. 이 어린이를 시작으로 어린이의 연주가 있겠습니다. 큰 박수로 맞아주세요~

이로써 OO명의 아이들이 준비한 독주는 끝났습니다. 아이들이 합창을 준비하는 동안 저의 연주가 있겠습니다.

(연주 종료)

(아이들 입장) 센터 잡아주기

(합창 종료)

지금부터 트로피 전달과 사진 촬영이 있겠습니다. 아이들은 합창 대형으로 유지하고, 어머님들께선 축하 꽃을 전달해주시기 바랍니다.

(트로피 들고 사진촬영)

제0회 OOO음악학원 정기연주회를 마치도록 하겠습니다. 함께해주신 모든 분들께 감사를 드립니다.

학원 홍보까지 가능해지는 콩쿠르 활용

학원을 개원한 후 처음 콩쿠르에 나갔다. 경기북부지역에서 가장 권위 있는 콩쿠르였는데, 거기에서 우리 학원 아이들이 본선에 올라 2등과 3등을 차지하게 되었다. 그때부터 자신감이 생겼다. 경기북부에 국한된 것이 아닌 서울로 콩쿠르에 나가기 시작했고, 여러 콩쿠르에서 대상과 준대상 등을 수상했다. 콩쿠르 수상 성적은 자연스럽게 홍보로 이어졌으며, 지역 내에서 실력 있는 학원으로 소문이 나기 시작했다. 매년 1회씩 나갔던 콩쿠르 참여 횟수를 년 2회 이상으로 확대했고 콩쿠르 참가규정이나 콩쿠르 레슨비에 관한 틀도 점차 완성이 되었다.

음악학원과 콩쿠르를 주최하는 업체는 서로의 도움을 필요로 한다. 학원은 콩쿠르의 수상 성적으로 홍보가 가능하고, 콩쿠르를 주최한 곳은 학원의 참여로 사업적 수익을 낸다. 수많은 콩쿠르 업체 중 정직하고 공정하게 심사하는 곳도 있지만 점수 조작과 지저분한 진행으로 업계의 이미지를 실추시키는 곳도 있으니 콩쿠르에 내보내기 전 업체에 대한 사전조사는 필수이다.

연 1회 이상 콩쿠르에 꾸준히 나갔다면 수상 내역에 대한 데이터가 쌓이게 된다. 콩쿠르 연주 영상은 블로그에, 콩쿠르 수상 내역은 학원 안팎에 걸어놓으면 어느 순간 우리학원은 피아노를 잘 가르치는 실력 있는 학원으로 소문이 나게 될 것이다.

콩쿠르 입상 현수막 예시

저자의 콩쿠르반 운영 꿀팁

유어피아노학원에서는 연 2회로 상반기와 하반기를 나누어 콩쿠르반을 운영한다. 콩쿠르 준비에 돌입되면 아이들은 원장선생님을 "마녀" 혹은 "마귀할멈"으로 칭하기도 한다. 어쩔 수 없는 일이니 집중 레슨을 할 때만큼은 카리스마를 최대한 발휘하여 짧은 시간 내에 아이들이 긴장하며 레슨 받을 수 있도록 한다.

콩쿠르반 아이들은 콩쿠르 주최 한 달 전부터 집중 레슨을 통해 저녁 9시까지 학원에 남아 연습과 레슨을 받게 되며, 레슨이 부족할 경우 원내 합숙 레슨으로 보충하게 된다. 집중 연습 시작 날부터 일주일 간격으로 매주 경과 영상을 촬영하면서 연습량과 기간에 따라 얼마만큼 실력이 향상되는지 서로 눈으로 보고 들을 수 있게 한다. 본인의 연주영상뿐 아니라, 서로의 영상을 보면서 최소 한 문장 이상 변화된 점을 말하게 한다. 연습 30분 전, 다 같이 홀에 모여앉아 실전 리허설을 진행한다. 어떤 아이는 울며 내려오기도 하고 어떤 아이는 칭찬을 많이 받아 싱글벙글해 한다. 이 과정에서 콩쿠르반 아이들은 서로 간 선의의 경쟁, 연습량에 따른 실력 향상으로 인한 성취감 획득, 콩쿠르반 아이들만의 특별한 유대감 형성 등 여러 가지 요인들을 통하여 긍정적인 에너지를 얻게 된다. 이런 시스템에 중독된 아이들은 끊임없이 콩쿠르에 나가는 일명 "콩돌이", "콩순이"가 된다. 콩쿠르 이틀 전에는 학부모님들을 모시고 실전 리허설을 진행한다. 보통 저녁 6시나 7시 정도에 시작하게 되는데 실제 콩쿠르와 같이 객석의 조명을 끄고 무대의 조명만 켠 채로 연주하게 한다. 이러한 무대 리허설이 아이들에게는 큰 도움이 된다. 콩쿠르 때 연주하는 것보다 부모님 앞에서 연주하는 것이 더 떨린다는 아이들이 대부분이기 때문에 콩쿠르 당일 아이들이 느끼는 부담감을 줄여줄 수 있다. 리허설을 마친 이후엔 콩쿠르에 대한 전반적인 부분을 학부모님들께 설명하면서 콩쿠르 당일 부모님이 참관하러 오시는지, 의상은 어떻게 할 것인지 등 여러 가지 의견들을 묻고 답하는 시간을 갖는다. 이때 학부모님들과 아이들이 먹을 빵이나 과자 등의 간식을 준비하는 것은 기본이다.

합숙 레슨 예시

콩쿠르 참가자 모집 시점	콩쿠르 주최일로부터 2~3달 전
콩쿠르 참가 대상	학원 재학 6개월 이상 경과 학생 (진도, 나이 무관)예상 외의 학생들이 신청할 수 있으니 마음의 준비를 해둘 것
콩쿠르반 비용	총 36만 원 (콩쿠르 레슨비 10만 원+원비 16만 원+참가비 10만 원)
주의 사항	콩쿠르반을 운영할 때 시작부터 콩쿠르 레슨비용을 청구하지 않으면 추후에 클레임이 들어올 수 있음. 콩쿠르반 도입 예정이라면 처음부터 소액이라도 받아야 함

콩쿠르 에피소드 – 결과보다 과정이 중요하다

어느 여름이었다. 한 달 동안 밤 10시에 퇴근하며 콩쿠르반 학생들 한 명, 한 명 최대의 가능성까지 끌어올리려 열정을 불태우던 때였다. 총 15명의 참가자가 있었는데, 여기에는 비슷한 시점에 피아노를 시작했던 3학년 동갑내기 여자아이 두 명이 있었다. 상대적으로 연주 실력이 부족하던 A라는 친구는 동갑내기 B

를 의식하며 연습에 열을 냈지만 B를 이길 수는 없었다. A의 지나친 경쟁으로 A의 부모까지 B를 경쟁상대로 여기며, A에게 지나친 부담을 주기 시작했다. "너는 무조건 B보다 상을 잘 타야 해! B보다 연습을 더 많이 해야 해!" 등. 급기야 학원으로 수시로 연락을 하여 선곡에 대해서 그리고 실력이 늘지 않는 것에 대해서 지속적인 클레임을 걸기 시작했다. 우리 A는 무조건 대상을 타야 한다면서.

결론은 비참했다. B는 대상을 탔고, A는 최우수상을 탔다. 그리고 그날, A는 학원을 그만두었다. 과정보다 결과를 중요시하며 눈에 보이는 것으로만 모든 것을 판단했을 때 이러한 결과가 나타나곤 한다. 지나친 경쟁은 화를 부른다. 콩쿠르 참가자를 모집할 때 아이와 학부모 모두 수상에 대한 욕심을 버릴 마음의 준비가 되어있는지 꼭 체크하길 바라며, 결과보다 과정이 중요함을 지속적으로 강조해주길 바란다.

아이들의 실력을 끌어올려야 하는 스트레스, 수상에 대한 압박, 콩쿠르가 끝나고 나면 그만둘 아이들, 그 외 우리를 힘들게 하는 수많은 요소들이 있지만, 그럼에도 불구하고 콩쿠르를 적극 추천한다.

유어피아노의 1년 계획

유어피아노는 10년이 넘는 시간 동안 비슷한 루틴으로 운영되어 왔다. 하단의 계획표는 큰 틀로 잡은 계획을 보여주는 것인데, 보통 매달 세부 행사들이 쉬지 않고 진행되는 편이다. 계획표만 보아도 알 수 있듯 항상 원생들의 참여도를 높이는 행사들이 준비되어 있어 유어피아노 원생들은 지루할 틈 없이 즐거운 학원 생활을 영위하고 있다.

월	진행 항목	참고사항
1월	정기연주회 or 콩쿠르 연탄 봉사활동	설날 세뱃돈 증정 행사 방학 중엔 진도를 빠르게 조절
2월		
3월	신학기 홍보 중점	최소 주 2회 이상 학교 앞 마케팅 진행 3월 신학기에는 큰 행사를 진행하지 않음
4월	원내연주회	3월 입학생도 단기간 준비하여 진도에 관계없이 참여 유도
5월	어린이날 파티	포인트 마켓, 경품 추첨, 먹거리 파티 등 상반기에 가장 큰 행사
6월	야외연주회 / 버스킹	피아노를 메인으로 하는 프로그램 원생 전체 참가 유도
7월	원내 캠프	학원 내 1박 2일 프로그램
8월	콩쿠르 참가	
9월	2학기 홍보 중점	최소 주 2회 이상 학교 앞 마케팅 진행 토요 체험 학습 1회 진행
10월	가을 소풍	공원, 테마파크 등 체험 학습 진행
11월	콩쿠르 참가	
12월	크리스마스 파티	포인트 마켓, 경품 추첨, 먹거리 파티 등 하반기의 가장 큰 행사

06

포괄적 운영 노하우

교육이냐 서비스냐의 갈등으로 고민하고 있는 분들께

답은 간단하다. 둘 다 하면 된다. 이 둘을 분리하면 안 되는 이유는 바로, 우리가 하는 일이 교육서비스업이기 때문이다. 나의 경우, 평일에는 레슨에 올인하며 후학 양성에 힘을 썼고 주말엔 콩쿨과 연주회를 위한 특별레슨 및 원내행사와 외부체험학습에 신경을 썼다. 두 마리 토끼를 다 잡으려 노력했던 셈이다. 요즘 아이들은 재미없으면 배우려 하지 않는다. 10년, 20년 전과 다르다. 아이가 하기 싫어하는데 억지로 시키는 부모는 많지 않다. 사실 재미가 없으면 배우기 싫어하는 특성은 성인에게도 공통되지 않을까?

그러면 교육서비스업을 제공하는 원장에게 필요한 기본 바탕은 무엇일까? 아마도 '연주 능력', '레슨 능력', '운영 능력'일 것이다. 이 세 가지 능력이 적절하게 조화되면 성공하는 학원 운영이 가능할 것이다. 이 세 요소 중 하나가 뛰어난 원장, 셋 중 하나만 갖춰진 원장, 셋을 다 갖춘 원장도 있다. 연주력이 좋다 하여 레슨을 잘하는 것도 아니고, 레슨을 잘한다고 학원 운영을 잘하는 것도 아니다. 운영'만' 잘하는 사람도 존재한다. 보통 이런 경우는 학원을 상업적으로 운영하는, 일명 "학원을 돌린다"라는 표현을 쓰는 원장이 운영하는 곳이다. 사업적 수완이 뛰어나 학원을 돈벌이 수단으로 사용하는 매우 머리 좋은 분들이라고 생각하지만, 그런 곳에서 과연 진정한 교육이 이루어질지 의문이 드는 것이 사실이다. 우리는 서비스만 제공하면 되는 일을 하고 있는 것이 아니니까 말이다. 모든 능력을 고르게 개발시키며 훌륭한 교육과 서비스를 제공하는 학원으로 성장하자.

학원비(원비) 인상 관련 - 저자 에피소드

'대한민국에서 가장 낮은 피아노학원비의 원비 인상'을 위해 학원 개원 이후 지금까지 실천 중에 있다. 원비를 인상하는 데 고민이 많은 분들에게 도움이 되길 바란다.

1) 첫 번째 학원의 경우

2013년에 신규 개원을 했다. 당시 주변 시세를 고려하지 않고 내가 받고 싶은 대로 학원비를 책정했다. 주변 학원들은 기초 레슨비가 11만 원이었는데 나는 기초 레슨비를 12만 원으로 시작했고 단계별로 인상했는데, 교재비는 포함되지 않은 순수 레슨비였다. 2년이 지난 후 주변 학원들은 기초 레슨비를 13만 원으로 인상했으며, 이 소식을 들은 나는 그 다음 해에 교재비 포함 단계별 레슨비를 동결하며 14만 원으로 레슨비를 인상했다. 즉, 12만 원에서 14만 원으로 2만 원 인상한 것인데 큰 반발이 없도록 교재비 포함과 단계별 레슨비가 동결된다는 사실을 선심 쓰듯이 공지했다. 이때 선심 쓰듯이 원비를 올리는 자세가 중요하며, 기존 원생은 한 학기 동안 유예기간을 두는 것이 좋다.

원비 1~2만 원 인상은 원생 수가 많을수록 더 큰 차이를 가져온다. 원비가 14만 원이라면 원비가 12만 원일 때보다 더 적은 학생들을 가르쳐도 더 많이 벌 수 있다. 예를 들어 학생이 60명일 경우 14만 원일 때는 840만 원을, 12만 원일 때는 720만 원을 벌게 된다. 아이들이 조금 빠져나가도 어쩔 수 없다 생각하고 원비를 인상했는데 결론적으로 단 한 명도 그만두지 않았다.

2) 두 번째 학원의 경우

두 번째 학원은 인수 개원이었다. 운영하던 그 학원은 기초

원비 13만 원에 단계별로 인상되는 시스템이었으며 교재비는 별도였다. 학원의 원장이 바뀐다는 안내문이 붙고 나서 인수인계도 하기 전에 28명의 원생에서 12명이 그만두었다. 정식 인수를 하면서 원비를 교재비 포함 15만 원으로 공지했다. 학원에 남은 16명의 학생들 중 그 누구도 원비 인상으로 나가지 않았다. 신입생은 매주 들어왔다. 원비가 비싸다는 학부모가 있었는데, 그럴 때는 그냥 다른 학원 가시라고 말씀드린다.

단계별로 원비에 차등을 두는 것보다 원비를 하나로 하고 교재까지 포함시키는 편이 훨씬 이득이다. 매달 교재비를 추가로 받는 것보다 교재비 포함으로 하면 편하기도 하고, 실제 교재비가 생각보다 덜 나가는 측면도 있기 때문에 수익면에서 더 좋다.

솔직히 손이 더 많이 가는 기초라고 하여 원비에 단계별 차등을 두는 시스템은 잘 이해가 안 간다. 처음부터 이상했고 지금도 마찬가지이다. 옛날부터 이런 식으로 진행해 왔으니 계속 따른다는 건 좋은 태도가 아닌 것 같다. 그리고 원비 인상 전에 정말 여러 고민을 하게 되지만, 원비가 1, 2만 원 올랐다고 해서 그만두는 학부모는 생각 외로 많지 않다. 그만두는 인원이 아예 없다고는 장담 못하겠지만 실행에 옮겨보지도 못할 만큼 아이들이 나가지는 않는다. 단돈 1, 2만 원에 학원을 그만두게 하는 학부모라면 필요 없다고 생각한다. 내 가치를 인정해 주지 않는 사람은 나도 필요 없다. 최저임금 상승을 이유로라도 이번만큼은, 올해만큼은 원비를 꼭 올리길 바란다.

우리들은 선생이지만 또한 사업을 하는 사람임을 기억하자. 질 높은 교육은 저렴한 레슨비에서는 나올 수 없는 한계점이 분명히 있다. 우리의 가치는 우리가 만든다!

차량운행, 꼭 해야 하나요?

첫 학원을 운영할 때는 차량운행을 활발하게 했다. 운영 초기에는 학원이 커질 줄 몰랐기 때문에 개인 자가용으로 4개월 정도 운행을 했었다. 그러다 점점 아이들이 늘어 신차를 구입하게 되었다. 그 지역은 지역 특성상 차량운행이 없으면 학원 운영이 쉽지 않아 내린 결정이었다. 가급적이면 차량운행을 하지 않는 것을 추천하지만, 지리적 요건으로 차량운행이 꼭 필요한 곳도 있으니 신중히 생각하는 것이 좋다.

운영에 관련된 에피소드보다 차량에 관련된 에피소드가 훨씬 많을 정도로 차량운행은 다이내믹하다. 동두천 예닮음악학원을 운영할 때 어머니께서 6년간 차량운행을 도와주셨다. 이렇게 긴 시간 동안 차량을 유지하고 학원을 크게 운영할 수 있었던 데는 어머니의 역할이 매우 큰 부분을 차지했다고 생각한다. 딸의

차량 구입 팁

11인승부터는 자가용이 아닌 승합차로 분류되기 때문에 자동차세가 매우 저렴하다. 9인승보다는 11인승 구입을 추천한다.

• 9인승 자동차세 : 연간 50만 원 / 11인승 자동차세 : 연간 6만 원

학원이기 때문에 책임감을 가지고 보다 더 안전하게 운전을 해주셨고, 아이들에게 항상 따뜻한 말과 웃음으로, 가끔씩은 맛있는 간식과 선물로 사랑을 베풀어 주셨다. 그렇게 1년 정도가 지났을까, 차량운행을 잘하는 학원(?) 이라는 소문이 동네에서 돌아 그 이유로 등록하는 원생의 수도 꽤 되었다.

원생의 수가 늘어난다는 것은 매우 감사한 일이지만, 힘든 점도 분명 존재했다. 대다수의 아이들이 차량을 타고 등하원을 하게 되는데, 중간 중간 새로 오는 아이들이 늘어날수록 이미 짜여 있는 시간표에 코스를 추가해야 했다. 기존 코스에 새로운 코스를 추가하는 것은 그리 쉬운 일이 아니다. 차량운행에 관련된 몇 가지 에피소드들을 풀어본다.

1) 우리 아이 나올 때까지 정문 앞에서 기다려주세요.

정말 이기적인 학부모라고 할 수 있겠다. 처음 학원에 등록하면서 차량 때문에 학원을 많이 옮겼다는 학부모가 있었다. 이 학

원은 차량운행을 잘하는 학원이라는 소문을 듣고 등록했다며 차량운행에 신경 쓰지 않게 해달라고 신신당부를 했다. 첫 수업 날, 아이는 정해진 시간에서 10분을 늦게 나왔다. 가장 아이들이 몰리는 시간대였던 탓에 그 10분은 엄청나게 긴 시간이었다. 안타깝게도 그 아이는 핸드폰이 없었고, 담임선생님과의 통화는 정말 힘들었다. 첫 수업인지라 뒤 타임 아이들의 픽업이 밀렸지만 일단 아이는 태웠고, 학부모에게 전화하여 시간을 잘 지켜달라는 당부의 말을 전했다. 그리고 그 다음 날, 아이는 20분을 늦게 나왔고, 그 이후로도 시간을 지켜 나오는 경우가 거의 없었다. 그리고 문제의 날, 무려 한 시간이나 늦게 나왔다. 아이의 학부모와 담임교사 모두 연락이 되지 않았고, 학원 차량은 더 이상 기다릴 수 없어 다음 픽업을 위해 장소를 이동하였다. 학교가 끝나 정문 앞에 나와 있던 아이는 학원 차가 없자 공중전화로 부모에게 전화를 하였다. 학부모는 나에게 전화하여 화를 내며 당장 학교 앞으로 오라 하였다. 나 역시 결판을 지어야겠다는 생각에 코스를 돌려 정문 앞으로 갔다. 그야말로 난리가 났다. 본인 아이가 1시간 늦게 나왔더라도 당연히 학원차는 아이를 기다려야 하는 것인데 왜 출발했냐는 것이다. 벽을 두고 얘기하는 기분이었다. 본인 아이만 우선이고 다른 아이들의 시간은 생각도 하지 않는 것이었다.

그 즉시 그 아이를 퇴원 조치했다. 우리 학원에 대해 안 좋은 소문을 내던 그 학부모의 한 마디에 나는 이렇게 답했다. "네,

그렇게 하세요. 감사해요." 아무리 원생 한 명, 한 명이 귀하다지만 이런 학부모는 나도 거절한다.

2) 학원 차를 타지 않을 때 및 위치가 변경될 때 등의 연락

사실 이 정도는 워낙 빈번하게 있는 일이기 때문에 애교 수준으로 볼 수 있다. 학원 차는 정해진 시간에 아이를 태우기 위해 미리 해당 장소에 도착한다. 그런데 아이가 학원차를 타지 않을 때 미리 연락을 하지 않는 학부모가 꽤 있다. 또 픽업 위치나 하차 위치가 바뀔 때 당일 혹은 그 시간에 갑작스럽게 전달되는 경우도 있다. 어머니가 차량운행을 해주지 않았더라면 이러한 갑작스러운 상황 때문에 발생하는 문제가 꽤 많았을 것이라고 생각한다. 어머니이기 때문에 편하게 부탁드렸던 경우가 많았고, 또한 딸의 일이었기 때문에 무리 없이 들어주시는 경우가 많았기 때문이다. 이미 결정된 차량운행 시간표가 있으니 사전에 미리 연락을 요구하는 안내문을 내보내는 것도 이러한 문제를 줄일 수 있는 한 가지 방법이다.

3) 학원차에 쓰레기가 가득가득

학교가 끝나면 아이들이 꼭 들르는 코스가 있다. 문방구와 분식점. 우리 학원 차량은 항상 분식점과 문구점이 위치한 길목에 정차해 있었는데, 아이들이 문방구와 분식점에서 쇼핑을 한 후 차량에 타는 경우가 많았다. 그리고 항상 차 안엔 쓰레기가 가득했다. 차 안의 쓰레기 문제가 심각하므로 차량 내와 학원 내에 음식물 반입을 금지한다는 안내문을 내보냈다. 처음 일주일은 쓰레기가 없다 싶었는데 웬걸, 세차를 하다 보니 차 시트 밑과 옆에 쓰레기가 가득했다. 아이들은 여전히 몰래 차 안에서 음식을 먹었던 것이다. 그 이후, 군것질은 학원 수업을 모두 마친 후 이론실 안에서 먹도록 했고, 떡볶이와 같은 분식류는 분식집 안에서 먹고 나오도록 협의를 보았다. 결과적으로, 썩 잘 지켜지지는 못했다.

4) 레슨하기도 바쁜데 전화 받기도 바빠요

차량운행을 활발하게 하다보면 정말 레슨만 하고 싶을 때가 많다. 레슨 도중 수없이 걸려오는 전화. 몇 시에 내려 보내라, 어디로 이동해라 등등 전화 받느라 레슨에 집중에 안 될 지경이었다. 만약 중간에 아이가 차량을 놓치거나 차량으로 문제가 발생했을 땐 더 난리가 난다. 레슨을 멈추고 강사님들께 학원을 맡긴 후, 픽업을 나가는 경우도 있었으니 말이다. 정말 힘들었던 순간들이다.

이런 일들 이외에도 차량운행에는 신경 써야 할 것이 매우 많다. 오죽하면 당시에 차량을 중도에 없애려고 했을까. 차량 자체도 정기적인 점검은 기본이며, 아이들이 타는 차이기 때문에 항상 안전하게, 깨끗한 상태를 유지해야 한다. 운영에 관한 스트레스는 없었지만 차량에 관한 스트레스가 많았기에 두 번째 학원은 개원 초부터 차량운행을 하지 않는다는 공지를 내걸었다. 나는 현재까지도 차량운행을 하지 않고 있으며, 모든 원생들은 도보나 학부모님의 차량을 이용하여 학원에 등원하고 있다.

학원용 휴대폰으로 사생활을 분리하자

아무것도 모르던 운영 초기에는 한 번호로 개인적 업무와 학원 업무를 함께했다. 카카오톡 프로필 사진을 아무 생각 없이 바꾸었는데 학부모님들의 연락이 쏟아졌다. "어머 원장님 좋은 곳 가셨나봐요~", "원장님 잘 놀러다니시네요~", "오늘은 화장이 좀 바뀌셨네요~" 등등 지나치게 사생활에 관여하는 학부모님들이 있었다. 새벽과 한밤중을 가리지 않는 카톡과 상담 전화에 더 이상 이렇게 둘 수는 없어 개인용 핸드폰을 개통하였다. 이렇게 편한 세상이 있었다니…

특히 아이폰 유저들은 핸드폰 두 대를 다 아이폰으로 두는 것이 아니라 한 대는 갤럭시로 두는 것을 추천한다. 아이폰을 제외한 다른 스마트폰들은 자동음성녹음 기능이 있다. 간혹 큰 사건

이 터질 때 유용하게 사용되는 경우가 많으니 자동음성녹음 기능을 켜두는 것이 좋다. 투폰, 강력 추천한다.

교회반주자 양성반 운영

나는 10살 때부터 교회반주를 시작했다. 피아노의 첫 시작은 8살 때였는데, 친구가 피아노 치는 모습을 보고 엄마를 조르고 졸라 피아노학원에 등록했다고 한다. 그때부터 피아노학원을 단 한 번도 쉬지 않고 다니며, 단계가 올라감에 따라 자연스럽게 교회에서 반주를 하게 되었다. 찬양의 은사가 많으신 아버지께서는 어린 나이의 나를 반주자로 세우기 위해 강하게 훈련시키셨다. 시도 때도 없이 찬송가나 바흐 인벤션 등을 초견으로 시키는 것은 물론이고, 갑자기 예배 반주를 시키거나, 사람들 앞에서 피아노를 치게 하셨다. 그 덕분에 초견 실력은 많이 늘었던 것 같다.

성가대 반주자로, 찬양팀의 건반 연주자로 20년 넘는 시간을 봉사하다보니 자연스럽게 반주에 대한 노하우가 생겼다. 그 노하우들을 아이들에게 어떻게 가르쳐야할까 수없이 연구하다보니 교회반주자 양성반을 전문적으로 운영하게 되었다.

교육청법에 대한 고찰

먼저, 학원에서 받는 수강료는 무조건 교육청에 신고해야 한다. 교육청에 신고한 금액과 다르게 받을 경우에는 문제가 될 수 있으니 원비를 인상했을 때는 반드시 신고해야 한다. 추가적으로 콩쿠르 레슨비를 받게 될 경우라도 신고가 필요하다.

교육청법은 교육과 관련된 기관과 관련된 법이다. 학원의 설립자격은 고졸 이상의 대한민국 국민이다. 보습교과, 예체능학원을 차리기 위해서는 고등학교 졸업장만 있으면 된다는 말이다. 이 부분에서의 문제점은 분명히 존재한다. 법대를 나와 입시학원을 차릴 수도, 국문학과를 나와 보습학원을 차릴 수도 있는데, 이 부분에서는 문제가 없다고 본다. 그렇지만 예체능은 다르다. 전국 수백 개의 대학교에서 음악과 미술을 전공할 수 있으며, 예체능 전공자들은 이 길을 걷고자 어린 나이부터 준비하여 대학과 대학원을 거쳐 유학에 이르기까지 수많은 시간과 비용을 투자한다. 정규 교육으로는 도저히 배울 수 없는 내용이라 비싼 사교육비가 발생된다. 그런데 이 과정을 밟지 않은 비전공자에게 예체능 학원을 운영할 수 있는 자격을 부여한다는 것은 전공자들에 대한 모욕이며, 예체능 교육을 가볍고 우스운 것으로 만드는 사유로 충분하다. 그래서 현재 피아노, 미술학원의 위치가 이렇게 된 것이다. 예체능 학원의 단합과 법 개정이 시급하다. 가장 먼저 그만두는 학원 1순위가 피아노학원이라고 한다. 경쟁의 시대 속에 살면서 서로 간의 배려와 화합이 이루어지지 않고, 감정이 메말라가는 아이들에게 예술교육은 꼭 필요한 교육이다. 학부모들이 예술교육의 필요성과 중요성을 인지하여 예술교육에 대한 인식변화가 이루어지길 바라본다.

교육청 감사

교육청 감사는 보통 1년에 한 번 정도 시행한다. 지역에 따라 차이가 있어, 2, 3년에 한 번인 경우도 있다. 교육청에서 나오는 정기점검 외에 타 학원에서, 또는 학파라치에 의한 제보가 있을 경우엔 예고 없이 방문하기도 한다. 그렇기 때문에 감사에 필요한 모든 서류들은 꼼꼼히 비치해놓을 필요가 있다.

● 학원
① 교습비 옥외가격표시제 및 광고 시 교습비 포함 관련 홍보 및 지도
② 교습비 등 신고 금액 및 실제 징수·수납금액 조사 및 확인 (초과징수 여부)
③ 각종 장부 비치 및 기재, 게시물 게시 확인

④ 강사 채용 · 해임 시 (변경)등록 확인

⑤ 국·내외 무자격 강사 채용 여부 확인

⑥ 교습비 등, 학원설립·운영자, 학원의 위치, 시설과 설비 변경등록 확인

⑦ 등록 외 교습과정 운영 및 교습과목 위반 여부

⑧ 강사 및 직원 성범죄경력 및 아동학대범죄전력 조회 여부

⑨ 통학차량 안전교육, 보험 또는 공제사업 가입 여부(배상기준 미달 포함) 확인

⑩ 교습시간 위반 여부(신고된 교습시간의 단축 등)

⑪ 기타 학원 운영과 관련된 부조리 확인
   (허위 및 과대광고, 취업알선 등을 빙자한 금품편취 등)

● 교습소

① 교습비 등 초과 징수 여부, 신고된 교습시간의 단축 등

② 교습소의 강사 임의 채용 및 교습자의 신고된 과목 외의 교습 여부

③ 일시 수용인원 초과 여부

④ 허위 및 과대광고 등 기타 운영상 부조리 등

다른 학원의 견제

어린 나이에 학원을 개원하면서 매일 학원 근처 초등학교 앞에 나가서 홍보하고, 길거리에서도 홍보, SNS에서도 홍보하는 등 학원을 알리기 위해서 정말 최선을 다했다. 홍보를 하려면 제대로 해야 한다고 생각하여, 나는 홍보를 요란하게 하는 편이다. 그래서인지 다른 학원에서의 염탐과 견제도 많았다.

학부모인 척 전화하는 원장, 아이들 데리고 상담 온 홈레슨 원장, 대놓고 캐묻는 원장 등 다양한 부류의 사람들이 끊임 없이 접근해왔다. 미심쩍어 전화번호를 저장하면 카톡 프로필 사진에 뜨는 피아노 사진, 100%다. 척하면 척이라고 목소리 톤이나 얼굴만 봐도 음악을 아는 사람이구나, 학원을 운영하는 사람이구나 알 수 있었다. 그렇다고 해서 상담을 제대로 하지 않는 것은 아니다. 다 알려준다. 더 자세하게. 이렇게 하는 이유는, 어차피 그들은 나처럼 하지 못할 거라는 자신감이 있기 때문이다. 대체적으로 남의 학원에서 정보를 캐묻는 사람들은 현실에 만족하지 못하고 남과 비교하며 불만에 가득 찬 경우가 많다. 그런 사람들은 어떤 일에서든 성공하기 어렵다. 소신이 있는 사람이라면 남과 비교하고 남의 운영방식을 염탐하기보다는 자신의 것을 만드는 데 더 집중하기 때문이다.

학원 운영의 어려운 점 - 원장님들의 생생 후기!

"아무래도 진상 어머님들 상대하는 것이 가장 힘들어요. 아이의 연주영상을 보내드렸는데 연주에 대한 언급이 아닌 왜 연주 후에 애가 웃지 않고 무표정이냐는 걸로 따지는 어머님이 계셨어요."   - My **** 쌤 -

"저희들은 아이들을 가르치는 선생이다 보니 실력과 흥미 그 사이에서 중심 잡기가 참 어려울 때가 많아요"   - 용* 쌤 -

"레슨하는 걸 방 안에서 지켜보는 어머님이요. 심지어 손뼉 치면서 박자를 맞춰요"   - 안* 쌤 -

"차량운행을 서비스로 해주고 있는데 본인 자가용인 것처럼 지시하는 어머님이요. 본인 아이가 늦게 나올 땐 호호 죄송해요~ 하시는데 자기 아이가 5분 기다리면 난리 나는 어머님이요."   - toto** 쌤 -

"진도로 매번 닦달하고 어설프게 아는 피아노 지식으로 여긴 이렇게 해달라 저긴 이렇게 해달라 원장을 가르치려하는 어머님이 너무 힘드네요."   - 열피쌤***-

"좋은 강사님 만나기가 너무 힘듭니다. 갑자기 잠수 타서 일 터지면 당장 원장인 저는 어떻게 할 수가 없어 발만 동동 구르게 돼요"   - 쿠** 쌤 -

"원비문제로 속 썩이는 분이요. 선불인 원비를 후불같이 내시는 분, 원비를 밥 먹듯 미루는 분, 계속 깎으려 하시는 분 등의 사례가 있어요."
   - 커피*** 쌤 -

"그놈의 영수증 좀 안 썼음 좋겠어요. 레슨하기도, 아이들, 엄마들 씨름하기도 바쁜데 교육청의 이상한 행정으로 별걸 다 힘들게 해요."

– 튼튼*** 쌤 –

"저렴하게 후려치는 레슨비 받는 학원이요. 싼값에 박리레슨하면서 학부모 앞에서는 온갖 사탕발림해서 애들 끌어 모으고 원비 싸게 받고.. 이런 학원이 옆에 있으면 스트레스가 장난 아니에요."   – 피아노** ****쌤 –

"내가 아파도 쉬지 못하고 하루도 빠짐없이 나와서 일을 해야 한다는 점이요"

– 내라***** 쌤 –

"다 참을 수 있어요. 그러나 나간 아이, 나갈 아이는 있는데 등록이 없을 때가 제일 힘들어요."   – 호야*** 쌤 –

"요즘 아이들 연습도 많이 안 하는데 선생님 잡는 어머님들이요. 본인 아이가 어떤지 생각은 하지 않고 진짜 선생님으로서 따라주는 것도 아니면서 학원 탓만 하고 끊는 거 어이없습니다. 언제부턴가 그런 아이 그만둔대도 소신 있게 할 말 하면서 미련 갖지 않고, 기존 아이들에게 더 사랑을 주려 노력하고 있어요"   – e***쌤 –

"다른 아이랑 수시로 비교하면 이 아이는 진도가 이런데 내 아이는 왜 이러냐며 따지는 분이요. 다른 아이와 내 아이의 차이를 인정하지 못하시더라구요."   – yop***** 쌤 –

여러 선생님들이 말하는 학원 운영에서 가장 힘든 요인 1위는 소위 말하는 '진상 학부모' 상대이다. 오히려 교육이나 직접적인 운영에 관한 부분에서의 어려움은 크지 않은데, 학부모들이 주는 정신적인 스트레스가 크면 클수록 학원 운영을 하는 데 금방 지치고 슬럼프가 오게 된다. 이 스트레스를 내가 받아들이느냐, 털어내느냐에 따라서 내 학원을 건강하게 운영할 수 있는 지 결정된다. 내가 받아들일 필요가 없는 이야기는 한 귀로 듣고 한 귀로 흘리자. 내 마음에 필요 없는 이야기들까지 담아두게 되면 학원을 대표하는 내가 점점 흔들릴 수밖에 없다.

나 역시 학원 운영 2년 차가 될 때까지 유리 멘탈을 소유하여 클레임이 들려올 때마다 유리가 와장창 깨지는 경험을 수십, 수백 번 하였다. 밤에 잠 못 이루기는 예사요, 하도 울어서 식사를 제대로 못해 살이 쭉쭉 빠지던 때가 있었다. 그러던 어느 날, 매일 울며 학부모들의 말 한마디에 가슴 졸이는 내 자신이 너무나 초라하고 한심해 보였다. 대체 그들이 뭐기에 나를 이렇게 힘들게 하는 것일까. 나는 왜 그들의 말 한마디에 이렇게 상처를 받는 것일까. 왜 나는 그들 앞에서 항상 슈퍼 을이 되는 것일까? 그날 이후로 흔들리지 않는 1,500년 된 나무와 같이 소신 있고 카리스마 있는 운영과 레슨으로 이전과 달라진 모습을 보이게 되었다. 우리는 아이들을 가르치는 교사이다. 저자세로 나가지 않고, 학부모들의 기에 눌리지 않길 바란다.

어린 원장 장점일까 단점일까

어린 나이에 학원을 시작하는 원장님들의 가장 큰 고민거리 중 하나일 것이다. 나는 스물세 살 겨울에 학원을 오픈했다. 경험도 없고 나이도 어렸기 때문에 학부모들이 만만히 보지 않을까, 원장이 어려서 믿고 못 맡기면 어떻게 하나 등등 걱정이 많았다. 평균 원장 나이에 비하면 한참이나 어렸으므로 겁을 많이 먹었다. 그러나 운영을 하다 보니 나이는 그렇게 중요하지 않다는 사실을 알게 되었다. 물론 호불호는 분명히 있다. 아이를 키워본 적 있고 경험도 풍부한 연륜 있는 원장님을 선호하는 분들도 있고, 젊은 감각의 원장님을 선호하는 분들도 있다. 나이를 떠나 얼마나 소신을 가지고 운영을 하고 있고, 아이들을 가르치고 있는지가 더 중요한 것 같다. 당당함을 잃지 않도록 하자. 여기에서도 나이는 숫자에 불과하다.

아는 사람들끼리 모여서 의견 나누기

나는 어린 나이인 23세부터 학원을 시작하였다. 피아노학원을 운영하는 지인도 없었을 뿐더러 정보를 얻을 곳도, 하소연할 곳도 없었다. 너무 답답한 마음에 결국 가장 만만한 친구들을 붙

열피쌤 모임

잡고 얘기를 하기 시작했다. 몇 년 동안 내 하소연을 들어준 친구들에게 고마운 마음도 있지만 서운했던 적도 한두 번이 아니었다. 내 친구들은 내가 편하게 일하고 있다는 고정관념을 갖고 있었기 때문이다. 원장이라는 타이틀, 그리고 오후 1시 출근과 7시 퇴근이라는 6시간의 짧은 근무 시간, 상사 없이 아이들과 함께 지낸다는 점 등은 이 일을 모르는 이들에게는 멋지고 편한 일로 보일 수도 있는 것이다. 그들은 우리에게 이렇게 말한다. "그게 뭐가 힘들어?", "편하게 일하면서 불평하지마", "돈 쉽게 벌잖아" 등등. 그러나 우리 일에도 여러 가지 고충이 있다. 한 학원의 대표이기 때문에 그 무게가 상당하다는 점, 그에 따른 책임감, 근무 시간의 일이 끝이 아니라는 점, 끊임없는 연구와 연습이 필요하다는 점, 학부모 상대 등 직접 이 일을 해보지 않은 사람들은 모르는 점들이 많다. 그래서 나는 학원 일을 모르는 이들에게는 학원 얘기를 꺼내지 않는다. 듣는 이들이 공감해주지 못하여 오히려 이야기함으로써 스트레스가 배가된다면 그 얘기는 안 꺼내는 것이 맞다.

'열피쌤 카페'가 존재하는 이유가 여기에 있다. 이곳은 같은 일을 하는 우리들끼리의 공간이다. 서로 같은 공감대, 같은 직업을 가지고 있기에 서로의 의견에 진심으로 아파해 주고 진심으로 축하해 줄 수 있다. 다른 사람들이 아닌 열피쌤들과 같이 우리의 감정을 나누어보자.

주변 상가들과 가깝고 친하게 지내자!

학원 주변 상가들과 친하게 지내서 나쁠 것은 없다. 그들은 잠재적인 내 고객이 될 수도 있는 중요한 사람들이다. 학원 오픈할 때 떡을 돌리는 것은 물론이거니와 떡볶이 파티나 과자 파티 등을 할 때 옆 상가들과 나누어 먹는 경우가 많았는데, 이를 좋게 본 상가분들이 자녀나 지인들을 우리 학원으로 보내주는 일도 비일비재했다.

나는 머리를 손질할 때 항상 동네 미용실을 이용하고, 커피를 사먹더라도 꼭 동네 카페에 간다. 꼭 그들이 우리 학원으로 아이들을 소개시켜주지 않더라도 우리 학원의 좋은 이미지는 이분들의 입을 통해 퍼져나가기 마련이다. 동네 소문, 입소문이 꼭 엄마들 입에서만 나가는 것이 아니다. 더불어 살아가는 세상임을 꼭 기억하자.

1일 결제일 도입, 어렵지 않아요!

전국 평균 피아노학원비는 채 15만 원이 되지 않는다. 결제일은 등록일에 맞춰 제각각. 그래서 목돈을 만들기 어렵다. 이 단점을 보완해 줄 제도가 있으니 바로 1일 결제이다. 학생이 1일에 등록한다면 어렵지 않겠지만, 월 중순에 등록한다면 계산이 달라진다. 나의 경우 남은 수업일자와 하루 수업료를 곱해 그 달의 수강료를 정한다.

운영 중간에 1일 결제일을 도입하게 되면 처음 한두 달은 수입이 줄어들게 되어 어려움을 겪을 수 있다. 그렇지만 그 이후부터는 신세계를 맛볼 것이다.

[예시] 수강료 월 15만 원 / 하루 수업료 : 7,500원 (20일/15만 원)

APRILL 2024

SUN MON TUE WED THU FRI SAT

15일에 등록할 경우, 평일만 체크하여 수업 일을 세고, 하루 수업료를 곱하면 된다. 29일에 등록할 경우, 남은 수업일(하루, 이틀 정도)에 하루 수업료를 곱하면 된다.

저자의 피아노학원 운영 세미나 및 컨설팅

교육은 발 빠르게 변하고 있다! 뭐든 빠르게 변화하는 세상이다. 교육도 마찬가지이다. 매년, 매달 새로운 교재, 새로운 프로그램들이 만들어지고 있다. 10년 전의 교육과 현재의 교육은 분명히 다르다. 현실에 안주한다는 것만큼 위험한 것은 없다. 빠르게 급변하는 교육 트렌드에 맞춰 우리들도 연구를 쉬지 않도록

열피쌤 세미나 포스터

하자. 이와 같은 취지로 열피쌤 카페에서는 정기적으로 세미나를 기획하고 있다. 세미나 일정은 열피쌤카페와 인스타그램에서 확인 가능하다. 1:1 맞춤 컨설팅도 가능하며, 일정은 사전 협의가 필요하다.

CCTV 저렴하게 설치하기

보안업체에 의뢰하여 CCTV(폐쇄 회로 텔레비전)를 설치하려면 높은 유지 비용을 부담해야 한다. 약정도 있고 월 사용료가 있어, 대수에 따라 최소 3만 원에서 20만 원까지 부담하는 경우도 봤다. 학원 운영에 있어 불필요한 지출은 이런 부분에서 줄여야 한다.

기계만 구입하면 간단하게 설치할 수 있고, 어플로도 실시간 확인이 가능한 티피 링크 cctv, 샤오미 cctv를 추천한다. 기계 구입 비용 외에 다른 유지비는 필요하지 않으며, 전원선과 와이파이만 연결되면 수시로 확인할 수 있어 부담없고 편리하다.

CCTV 화면

셀프로 손쉽게 만드는 학원 소개 이미지

'비즈하우스'라는 셀프 이미지 제작 업체에서 운영 중인 미리캔버스(www.miricanvas.com)에서는 다양한 소스들을 제공한다. 무료로 제공되는 다양한 이미지 파일 중에서 원하는 이미지를 골라 조합하여 스스로 학원 소개 이미지를 만들 수 있다. 명함, 스티커는 물론이거니와 배너, 현수막, 포스터까지 사이즈에 맞춰 다양한 인쇄물을 직접 제작해볼 수 있다. 손재주가 있는 분들이라면 정말 손쉽게 만들 수 있으며, 웬만한 디자이너의 손이 닿은 것 같은 높은 퀄리티의 결과물을 얻을 수 있으니 기억해두시기 바란다.

미리캔버스 외에 망고보드, CANVA도 함께 이용하면 보다 더 다양한 템플릿을 이용할 수 있다. 사진뿐만 아니라 동영상, PPT, 유튜브 섬네일, 전단지, 배너 등 다양한 형태로 만들 수 있으므로 전문 디자이너를 고용하지 않더라도 퀄리티 높은 파일을

셀프로 만든 이미지 예시

제작할 수 있다.

이렇게 파일을 만든 다음에 인터넷 인쇄 사이트들을 이용하여 직접 제작하게 되면 시중가보다 훨씬 저렴한 가격에 인쇄물을 만들 수 있다.

추천사이트 : 애즈랜드 (www.adsland.com), 성원애드피아 (http://www.swadpia.co.kr)

예술적 토양을 다지는 음악교육

'8년간 「에듀클래식」 편집부 기자로 일하면서 취재한 음악학원은 얼마나 될까?' 이 글을 쓰기 위해 지난날의 취재 수첩을 꺼내 보았다. 서울, 경기, 인천을 토대로 강원도, 충청도, 전라도, 제주도까지 전국을 누비며 약 200여 명의 선생님과 인터뷰를 주고받았었다. 수첩을 보니 그날들이 새록새록 떠오른다.

인터뷰를 진행할 때마다 선생님들께 고정적으로 던진 질문 두 가지는 바로 '선생님이 생각하는 음악교육의 중요성'과 '음악교육을 하고 있는 진정한 이유'였다. 신기하게도 공통으로 이야기한 대부분의 답변은 '아이들이 음악을 사랑할 수 있도록 자연스럽게 가르치는 방법'과 '생각하는 습관을 길러주는 창의성 교육'에 대한 고민이었고, 이를 위해 각자의 자리에서 치열하게 노력하고 있는 선생님들의 모습을 발견할 수 있었다.
내가 만난 원장님들은 본인의 가치관과 음악 철학을 함께 나누고 전파하며 아이들의 인생에 든든한 예술적 토양을 깔아주고 있는 진정한 교육자들이었다. 빠르게 변화하는 시대의 흐름 속에서도 '음악'이 지닌 가치와 본질을 추구하며 최선을 다하고 있는 선생님들의 마음을 느낄 수 있어서 취재하는 동안 참 행복했다.

예술과 창의성은 연관된 부분이 많기에, 생각하는 습관을 길러주는 최고의 예술교육기관은 바로 '음악학원'이라고 이야기하고 싶다. 감수성과 창의력이 풍부한 어른으로 성장하기 위해서는 음악을 듣고 스토리를 떠올리게 하거나 본인의 감정을 표현할 수 있는 능력을 키워주는 것이 중요하다. 이 음악이 지금 나에게 어떻게 다가오는지, 아름다운 선율을 듣고 어떤 방법으로든지 표현할 수 있게 된다면 일상에서도 자연스레 창의력이 발휘되기 때문이다.

입사 후 처음 취재했던 2015년의 분위기와 2024년 음악학원의 모습은 정말 많이 달라졌다. 10년 전에는 4~60대의 원장선생님이 대부분이었다면, 최근에는 20~30대 원장선생님들이 많이 증가하였고, 자연스레 젊고 트렌디한 감각으로 무장해 학생들과 함께하고 있었다. 무엇보다 4차산업혁명을 맞이해 정치·경제·사회·문화의 흐름이 변화한 가운데, 선생님들 역시 트렌드에 발맞춰 빠르게 대응하고 있었다. SNS 계정을 운영해 학원 홍보를 하는 것은 기본이고, 재미있고 유익한 기초음악이론 수업, 아이들의 흥미 유발을 자극하는 음악게임, 트렌드가 반영된 밈을 활용한 특강 수업, 유튜브 쇼츠, 릴스, 틱톡 등 재밌는 영상을 기획해 촬영하고 편집하는 등 수많은 콘텐츠를 기록하고 업로드하는 일까지 해내며 교육 이외에도 다양한 방법으로 학생들과 소통하고 있는 모습을 볼 수 있었다.

이렇게 변화한 음악교육 방식은 아이들이 마음의 문을 활짝 열고 음악학원에 오면 즐겁다는 인식을 주고 있다. 이전에는 1:1 주입식 교육을 했다면, 현재 음악교육의 패러다임은 함께 즐기며 스스로 깨닫고 선택하는 교육 방식을 선호하고 있는 것 같다. 내적인 동기에서 즐기면서 배우는 교육의 힘은 실로 대단하기 때문이다.

창의력이란 기존에 없던 것을 새로 만들어내는 것이 아닌 '여러 가지 다른 영역을 잘 연결지어 새로운 걸 만들어내는 것'이라고 한다. 현재 음악교육계에 종사하고 있는 선생님들은 단순히 악기만을 가르치는 사람이 아닌 한 아이의 전반적인 인생 자체를 책임진다는 마음으로 아이들을 교육하고 있다. 행복은 IQ(지능지수)보다도 EQ(감성지수)와 관련이 큰 만큼, 늘 현재진행형으로 부단히 나아가고 있는 모든 교육자의 손이 닿는 곳마다 더 많은 아이들이 음악의 진정한 즐거움을 느끼고 행복해지기를 기원하며, 그렇게 되는 날까지 모든 선생님을 진심으로 응원한다.

김희영 기자_ 에듀클래식

PART 3

음악학원 프랜차이즈에
관한 모든 것

|

프랜차이즈의 필요성과 목적 | 프랜차이즈 준비

프랜차이즈의 특징 | 매뉴얼 | 프랜차이즈 마케팅

01

프랜차이즈의 필요성과 목적

프랜차이즈란

프랜차이즈(franchise)는 상호, 기술, 특허 상표를 보유한 가맹본사가 가맹점주와의 계약을 통해 일관된 시스템과 기술, 노하우 등을 제공하고 대가를 받는 사업의 방식이다.

어원은 'Franc'로, '자유'를 뜻하는 프랑크족의 언어라고 하는데, 실제로 현재 사용하는 용어로서 프랜차이즈의 유래는 중세 프랑스에서 부르주아들이 영주들에게 돈을 주고 자치권을 산 행위로 보고 있다. 오늘날 프랜차이즈는 스포츠, 미디어, 요식업, 오락기, 빨래방 등 여러 분야에서 사용되고 있으며, 본사와 가맹점이 서로 협력하는 형태로 운영되기 때문에 각자의 사업체이지만 유기적인 관계를 유지하는 형태의 특성을 지닌다.

프랜차이즈 설립 계기

10년이 넘는 시간 동안 내가 맡은 아이들을 사랑과 열정을 담아 지도하다 보니 자연스럽게 나의 매 일상은 학원이었고, 아이들과 함께하는 모든 순간이 내 삶의 원동력이 되었다. 그 아이들 중 일부는 음악을 전공으로 결정하여 현재까지도 음악과 함께하고 있으며, 일부는 중고등학생이 되어도 꾸준히 취미로 피아노를 배우고 있으며, 일부는 나에게 배웠던 음악에 대한 소중한 기억들 덕분에 성인이 된 지금까지 행복한 기억을 가질 수 있게 되었다고 고백한다. 이러한 순간들이 쌓이고 쌓일 때마다 교육자로서 보람도 커졌다. 이러한 보람은 단순한 보람으로 멈추지 않고 또 다른 일을 위한 열망이자 추진력이 되었다. 나는 타 학원과의 분명한 차별성을 가진 우리 학원만의 특별함을 내가 있는 지역에만 국한시키지 않고 많은 지역으로 확대하고 싶다는 새로운 목표를 갖게 되었다.

그리하여 2022년 8월, 10여 년이 넘는 시간 동안 유지해온 '예닮음악학원'이라는 상호를 'YOUR PIANO'(너의 피아노)로 변경하면서 피아노학원 브랜드의 정체성을 재정립, 즉 리브랜딩(rebranding) 하게 되었다. '예닮음악학원'이 나의 신앙관을 녹인 상호였다면, '유어피아노'는 더 넓은 범위로의 확대 및 확장을 위한 상호였다.

내가 가르쳐온 수백 명의 아이들이 현재까지도 음악과 함께 하고 있고, 음악에 대해 좋은 기억을 가지고 있다는 소식을 들을 때마다, "그래, 그 음악이 정말 너의 음악이 되었구나!"라는 생각을 종종 해왔던 터라, '유어피아노'는 나의 교육관과 철학, 운영 마인드를 모두 담기에 충분한 상호였다.

리브랜딩

유어피아노(YOUR PIANO)로 상호를 정한 이후, 슬로건과 로고 작업에 돌입했다.

'유어피아노'를 떠올리면 어떤 이미지가 그려지는가? 브랜드를 결정할 때는 실제 학생의 학원 등록 여부에 가장 큰 영향력을 미치는 학부모에게 어떠한 이미지를 전달할 것인가를 고려하는 것이 중요하다. 우리 학원에 대해서 긍정적인 이미지를 주는 데 제일 무게를 둘 것인지, 아니면 음악교육의 트렌드를 선도한다는 이미지를 더 잘 드러나게 할 것인지 등 다양한 각도에서 계산해 보고 결정을 내려야 한다.

'유어피아노'는 트렌드를 선도하는 쪽보다는 고전적인 가치를 담은 브랜드라고 할 수 있다. 언제나 곁에 있는 존재로서의 음악이라는 콘셉트에 어머니 이미지를 접목하여 보편성을 강조했다. 그러면서도 고전적이며 보편적인 의미를 현대적이고 감각적인 디자인으로 승화시켰다. 그렇게 하여 "너의 피아노, 오늘도 내일도 함께"라는 짧은 슬로건과 함께 유어피아노만의 철학이 담긴 로고를 제작하였다. (로고와 슬로건에 대한 자세한 설명은 1부의 '브랜딩' 부분을 참조하기 바란다.)

유어 피아노 로고

프랜차이즈로는 첫걸음이었지만 학원은 이미 운영 중이었으므로, 새롭게 브랜드를 결정한 후에는 기존 시설물 중 일부(홀)를 철거하고 유어피아노에 도입될 콘셉트를 담아냈다. 부분 리모델링이었기에 아주 큰 변화를 주기는 어려웠지만, 기존 콘셉트와 확연히 다른 모습으로 만들어내는 데는 성공했다.

리브랜딩은 단순히 이름만의 변화가 아니다. 학원의 새로운 정체성을 결정한 후에는 그 이름에 맞게 학원의 전체 인테리어도 바꾸었고, 시스템 역시 더더욱 체계적으로 보완했다. 이렇게 학원이 업그레이드되는 모습을 원생들과 학부모님에게 적극 어필하였고, 프랜차이즈의 1차 직영점이 된 유어피아노 1호점은 실제로 리브랜딩 이후 학원 매출이 눈에 띄게 상승했다.

리브랜딩 전후

음악학원 프랜차이즈 도입의 필요성

프랜차이즈의 가장 큰 특징은 규격화(standardization)이다. 어느 가맹점이든 같은 품질과 서비스를 갖추고 있어야 하는데, 이를 가능하게 해주는 것이 바로 규격화이다. 규격화, 즉 표준을 정하기 위해서는 항목을 정리하는 게 필요하고, 이를 위해서는 먼저 시스템을 구축하는 것이 필요하다. 어떤 방식으로 학원이 운영되고 있는지, 학원 강사들 사이의 교육에 차이는 없는지 등 큰 범주부터 시작해서, 학원에 온 원생을 맞이하는 자세, 학부모 상담에 필요한 내용 및 학원에 비치되어 있어야 하는 물품에 이르기까지 가능한 모든 부분을 세세하게 항목화하고 각 항목마다 규범을 정해두어야 한다.

대부분의 프랜차이즈는 상황별 대처방식이나 서비스 유지 방법에 대해 아주 자세한 매뉴얼을 제공하고 있는데, 음악학원은 유형의 물품이 아닌 무형의 교육, 서비스를 제공하는 방식이기에 가맹본사의 능력이 더더욱 중요하다. 운영 노하우가 탄탄하지 않으면 시스템을 마련하는 것 자체가 어렵기 때문이다. 시스템이 마련되지 않는다면 항목을 나눌 수도 없고, 항목이 구분되지 않으면 매뉴얼을 만드는 것은 불가능하다.

학원 운영의 핵심은 시스템이다. 어떠한 형태의 학원이든 마찬가지이다. 특별히 프랜차이즈 학원 가맹본사라면 학원의 커리큘럼, 상담, 피드백, 교습비 결정 및 환불 정책, 연주회, 콩쿠르 상황별 대처 방법 등 크고 작은 모든 범주에서 항목을 나누고 항목별로 세세한 규범을 정해두어야 한다. 그리고 이렇게 정해진 매뉴얼은 가맹학원에게 그대로 전달되어, 같은 수준의 교육 서비스를 제공할 수 있게 한다. 가맹본사는 시스템을 더 확실하게 점검하며 보충해나갈 수 있으니 좋고, 가맹학원은 가맹본사의 노하우로 이루어진 선진화된 시스템을 학원에 곧바로 적용할 수 있으니 큰 이득이 된다.

음악학원 프랜차이즈는 국영수학원에 비해 프랜차이즈의 비중이 아주 적다. 대체로 국영수 프랜차이즈들은 학년별로, 단계별로 학습해야 하는 교육 목표가 뚜렷하기 때문에 교재나 커리큘럼의 획일화가 쉽다. 또한 학교 교육 과정과의 직접적인 연계가 이루어지고 그 과정이 대입까지 연결되므로, 학부모의 니즈를 충족시켜주기 위한 전문적인 매뉴얼을 가진 수많은 프랜차이즈 학원들이 존재한다. 체계화된 학원에서 근무하는 강사들은 추후 본인이 학원을 개원할 때도 이미 체득한 시스템을 가지고 운영한다. 반면 음악학원은 개인이 운영하는 곳이 현저히 많고, 개인이 운영하는 학원에 근무하는 강사들의 수도 많다. 대부분의 음악학원은 오래전 본인이 배워왔던 방식대로 학원을 운영한다. 매뉴얼이라는 것이 보편화되어 있지 않기 때문에 프랜차이즈 음악학원이라는 것이 생소할 수 밖에 없다. 내가 1, 2년만 학원을 운영하고 그만둘 것이 아니라면 시스템을 갖춰야 한다. 그래야 마지막까지 살아남을 수 있을 것이다.

02

프랜차이즈 준비

학원 운영자가 된 지 약 5년이 지났을 무렵부터 학원 운영 강의를 시작했다. 물론 내가 개원한 학원이 성공적이었기 때문에 학원 운영 강의를 할 수 있게 된 것이긴 하지만, 모름지기 사람은 직접 겪어보지 못한 일에 대해서는 잘 알지 못하기 마련으로, 내 강의는 철저히 내 성공 사례를 중심으로 진행될 수밖에 없었다. 게다가 학원 운영 강의는 다양한 지역에서 열렸는데, 그러다 보니 지역별로도 다양한 특성을 보인다는 사실도 알게 되었다. 지역별, 상황별로 다양한 사례가 있으므로 나는 강의를 하는 내가 그 모든 것을 경험해봐야 내 도움을 필요로 하는 사람들에게 더 양질의 가이드 라인을 제시해 줄 수 있다고 생각했다. 운영자로 또한 강사로 다방면에 걸쳐 노력한 결과, 연차가 쌓임에 따라 강의의 질도 높아질 수 있었다. 강의를 들은 많은 원장님들에게 실질적 운영에 큰 도움이 된다는 피드백을 받게 되었다. 그러다 문득 각기 다른 다양한 환경에서 성공이 이미 입증된 나의 학원 운영 방식을 사업 아이템으로, 프랜차이즈로 만드는 것이 내가 속해 있는 학원 업계에서의 사업적인 최종 목적지라는 생각이 들었다.

프랜차이즈를 준비하는 과정은 꽤나 복잡하고 어려웠다. 서류 작업은 복잡하고 어려웠으며, 내 머릿속에 있는 학원 운영 시스템을 매뉴얼로 정리하는 작업이나 내 브랜드의 색깔을 확고히 만들어나가는 작업 등에는 모두 내 예상보다 훨씬 더 긴 시간이 소요되었다. 그렇게 정리한 프랜차이즈 준비 과정을 소개한다. 모든 단계는 더 세분화할 수 있지만 여기서는 큰 틀만 나열하였다. 내가 진행한 이 순서가 정형화된 형식은 아니므로 프랜차이즈 사업에 관심 있는 독자께서는 프랜차이즈 본사 커뮤니티에 방문하거나 검색을 통해 알아보기를 권장한다.

1) 공정거래위원회 (정보공개서, 가맹계약서)

프랜차이즈 학원 설립을 위하여 공정거래위원회에 사업장을 등록하는 것은 필수이다.

정보공개서는 가맹거래 체결을 위해 예비 가맹점주에게 제공되는 프랜차이즈 본사에 대한 정보를 담은 서류로, 본사에 대한 기본 정보 외에 가맹을 체결하기 위해 소요되는 비용, 각 가맹점의 평균 매출, 가맹 체결 절차 등이 기재되어 있다. 공정거래위원

유어피아노 정보공개서 등록증, 가맹계약서

회에서 제공하는 표준 정보공개서 양식을 토대로 내 업종에 맞추어 수정한 후, 공정거래위원회에 등록해야 한다.

정보공개서보다 더 큰 법적 효력을 가지고 있는 가맹계약서역시 필수로 제출해야 하는 서류이다. 가맹거래 체결은 최소 1년부터 최대 4, 5년까지 비교적 장기 계약으로 체결되기 때문에 본사와 가맹점주가 법적인 테두리 안에 서로를 보호할 수 있어야한다. 이를 위해 만든 장치가 가맹계약서이다. 가맹계약서를 보면 각 항목마다 본사의 안내 하에 가맹점주의 확인 서명이 들어가게 되어 있는데, 계약이 성립되고 나면 이후 되돌릴 수 없기 때문에 신중하게 결정해야 한다.

정보공개서와 가맹계약서, 이 두 가지 서류가 필수적으로 공정거래위원회에 제출되어야만 가맹 사업 등록증을 받을 수 있고, 그 이후부터 가맹점을 모집할 수 있다. 등록되지 않은 프랜차이즈 업체가 가맹계약을 체결하는 것은 불법이니 각별히 유의해야 한다.

참고로, 정보공개서 등록 시, 1개 이상의 직영점을 1년 이상 운영한 상태여야 등록이 승인된다.

2) 지적재산권 확보

가맹 사업을 위한 고유 상표를 출원해야 한다. 우선 특허 정보 검색서비스 키프리스 (www.kipris.or.kr)에서 내가 출원하고자 있는 상표가 있는지 확인하는 작업이 필요하다. 내가 원하는 상표 출원이 가능  하다면 상표 등록을 해야 하는데, 상표 등록은 자신이 직접 해도 되고 변리사를 통하여 진행할 수도 있다. 등록에 특이점이 없다면 보통 6개월에서 1년 사이 상표권 취득이 가능하다.

3) 법인 통장 개설

보통 프랜차이즈 본사는 세금 절세와 수월한 자금 조달을 위해 법인으로 등록하는 경우가 많다. 가맹사업을 시작하게 되면 가맹비, 교육비, 로열티, 이행보증금 등을 수취할 계좌가 필요하므로 보통 본사 주소지 인근에 위치한 은행에서 가맹금 예치 계좌를 만들게 된다.

4) 브랜드 콘셉트 픽스

인테리어와 간판, 디자인 콘셉트 등 우리 브랜드만의 색깔을 나타낼 수 있는 시그니처 콘셉트를 확실히 정해야 한다. 정확한 콘셉트가 만들어져야 가맹점 모집이 수월하기 때문에 내 브랜드만의 특징과 강점이 무엇인지 파악하여 마케팅 도구로 활용할 수 있도록 한다.

유어피아노 간판, 리플릿, 규격화 문서

5) 매뉴얼 작성

매뉴얼은 뒤쪽에서 단독으로 자세히 다루었다(264쪽 참조).

6) 교육 프로세스 세팅

학원 프랜차이즈는 가맹본사가 가지고 있는 교육 노하우와 서비스 노하우를 전수받는 것이므로, 꼭 교육 프로세스가 세팅이 되어야 한다. 유어피아노는 '교육'과 '서비스'의 큰 주제를 가지고 세부 교육 커리큘럼을 가지고 있다. 몇 회차에 걸쳐 교육할 것인지, 강사진은 어떻게 구성할 것인지, 정기 교육과 수시 교육은 언제, 어떻게 진행할 것인지 등 확실한 체계를 정해두어야 한다.

7) 마케팅

어떤 플랫폼에서 어떤 방식으로 홍보할 것인지 방향을 설정해야 한다. 학원들을 돌며 전단으로만 홍보하던 시대는 이미 지나갔다. 온라인을 적극 활용하여 홈페이지, 카페, 블로그, 인스타그램, 유튜브 등 가능한 많은 채널을 사용해야 한다. 유어피아노는 저자가 개설하여 운영하고 있는 네이버 카페 열피쌤과 유튜브, 인스타그램, 블로그를 통해 마케팅을 진행하고 있다. 프랜차이즈의 마케팅도 학원 홍보와 마찬가지로 꾸준함이 필수이다.

유어피아노 유튜브 채널

유어피아노 홈페이지

열피쌤 카페

유어피아노 블로그

유어피아노 인스타그램

프랜차이즈 창업을 위한 더 세부적인 단계들이 있지만, 위의 일곱 가지 단계는 필수로 거쳐야 하는 단계이다. 프랜차이즈 사업을 시작하기로 마음먹었다면 큰 그림을 먼저 그려가며 세부적인 내용들을 채워나가는 것이 중요하다.

03

프랜차이즈의 특징

프랜차이즈의 장점

프랜차이즈 가맹점이 되는 것에 대한 가장 큰 장점은 어느 정도의 성공이 보장된다는 점이다. 프랜차이즈를 설립하는 대표들의 공통점은 그들 대부분이 해당 분야에서 성공을 거두었고, 따라서 그 사업에 대한 노하우와 사업성을 입증받은 사람들이라는 것이다. 사업성과 노하우가 확인되었기 때문에 프랜차이즈로 사업을 확장되는 경우가 많으므로, 아직 특별한 노하우가 없는 상태라 하더라도 가맹점으로 사업을 시작한다면 사업성이 어느 정도 보장된 아이템을 가지고 더 체계적이고 안전하게 창업할 수 있다. 특히 학원 사업을 처음 하거나 과거 학원 사업에 실패했던 적이 있는 사람이라면 확실한 브랜드의 색깔과 아이덴티티, 체계적인 시스템을 가지고 있는 프랜차이즈를 선택하는 것이 학원 창업 및 운영에 훨씬 더 유리할 것이다. 대부분의 가맹본사는 가맹점에 대하여 입지 선정부터 시작하여 사업장의 오픈 이전과 이후의 모든 관리를 가맹거래 종료 시까지 꾸준하게 진행하기 때문에 창업의 여러 가지 실패 요인들을 최소화할 수 있다.

뿐만 아니라 가맹본사가 제공하는 정기 교육과 매뉴얼 등을 통해 트렌드의 흐름을 따라갈 수 있다. 가맹본사와 가맹점은 각기 독립된 사업자이지만 서로가 든든한 사업의 조력자이므로, 서로의 성장을 위해 다양한 조언과 지원을 할 수 있으며, 이로써 서로 성장하며 상생할 수 있다.

가맹점이 되면 실제적인 운영비를 절감할 수도 있다. 프랜차이즈는 특성상 대량 납품이 가능하기 때문에 개인이 구매하는 것보다 저렴한 금액으로 가맹점이 물품을 받을 수 있다. 마케팅 역시 가맹본사에서 기획하기 때문에 주기적으로 들어가는 마케팅 비용, 물류 비용 등을 절감할 수 있으며, 운영에 필요한 여러 가지 정보들을 알아보는 시간을 현저히 단축시킬 수 있다.

프랜차이즈의 단점

가맹점주의 입장

가장 큰 단점으로는 개인 창업에서는 필요하지 않은 창업 비용일 것이다. 기본적으로 프랜차이즈 가맹거래 체결을 위해 가맹비(해당 프랜차이즈의 상호와 시스템을 도입하는 비용), 교육비(규격화된 시스템의 도입을 위한 전반적인 교육), 로열티(매달 본사로 납부하는 고정 비용)가 발생된다. 이것은 프랜차이즈 본사가 오랜 '시간'을 투자해 획득한 노하우를 가맹점주가 '비용'을 지불하여 구입하는 것이다. 그래서 단순히 이름이 유명하거나 화제성이 있는 프랜차이즈를 선택하는 것이 아니라 실제 어느 정도의 인지도가 있는지, 얼마만큼의 성과를 이루어낸 프랜차이즈인지를 고려하여, 안정적이고 탄탄한 프랜차이즈를 선택하는 것이 중요하다.

프랜차이즈의 특징이 규격화, 표준화라고 했다. 그렇기에 정해진 매뉴얼을 위반하거나 내가 틀을 벗어나는 어떠한 행위를 하는 것 자체가 불가능하므로 개개인의 개성을 드러내는 부분에 어려움이 있을 수 있다.

가맹거래 체결 시, 최소 약정 기간과 약정 기간 내에 해지 시 위약금에 대한 내용이 가맹거래계약서에서 자세히 명시되어 있다. 따라서, 내 마음대로 폐업을 하거나 운영자를 바꾸는 부분에 있어서도 본사의 승인이 필요하고, 약정 기간 내에 계약이 해지될 경우에 위약금이 발생된다. (보통 위약금은 하루 단위로 책정되어서, 잔여일수만큼 위약금이 산정되어 청구된다.)

가맹본사의 입장

규격화에 동참하지 않는 가맹점주와의 계약체결이 가장 어려운 경우라고 할 수 있을 것이다. 프랜차이즈의 체계에 대한 이해 없이 단순히 사업의 '손쉬운' 성공만을 생각하는 가맹점주와 최소 1년, 최대 4~5년을 보내는 것만큼의 고통은 없을 것이다. 일반적으로, 자신이 잘 아는 분야에서 개인의 역량이나 사업적 수완이 아주 뛰어나다면 프랜차이즈를 선택하지 않고 개인 사업을 준비한다. 프랜차이즈를 선택한다는 것은 어느 정도 성공이 보장되는 가맹본사의 이름과 노하우에 사업의 큰 부분을 맡긴다는 뜻이 된다. 그러니 당연하게도 가맹점주는 가맹본사를 존중하며, 본사의 매뉴얼을 준수할 의무, 규격화에 동참해야 할 의무가 있다. 그런데 개인의 고집이나 아집을 주장하며 본사의 방향과 지침에 불평, 불만만 제시하는 가맹점주가 있을 수 있다. 이런 가맹점주는 어떤 곳을 가더라도 골칫덩어리일 것이다. 솔직히, 매사에 불만이 가득한 사람이 사업의 성공을 바란다는 것 자체가 모순이다.

음악학원에서의 적용

국영수 학원에는 꽤 많은 프랜차이즈가 존재하지만, 음악계열 학원을 보면 프랜차이즈 수가 상당히 적다. 가맹비나 교육비보다는 정기적으로 사용해야 하는 교재 위주로 사업수익을 올리는 국영수 프랜차이즈들과 비교하면 음악업계는 사업수익을 올리는 부분에 어려움이 있는 것은 사실이다. 음악학원은 1:1 교육이 우선시되므로 음악학원들의 특성상 아이 개개인의 연령, 성별, 성향, 성격, 손의 모양 등에 따라 교수법의 방식이 다를 수밖에 없다. 여기에 지역별로 다른 학구열과 분위기 등, 보이지 않는 무형의 것을 대상으로 규격화된 매뉴얼을 만드는 것 자체가 까다롭고 어렵다. 그래서 실제적인 경험이 필요한 것이다. 실제로 경험하지 못했다면 이 모든 것을 만들 수 있는 방법 자체가 없다.

실제로 나는 당장의 지점 확장, 숫자 놀이에는 큰 관심이 없다. 우리 브랜드의 아이덴티티를 존중하고, 우리의 교육 철학을 인정하며, 우리가 추구하는 방향을 따르는 작은 거인들, 소수의 알짜배기들이 필요할 뿐이다.

가맹 사업을 시작한다는 것은 더 이상 나 혼자만의 사업을 하는 것이 아닌, 함께 가는 동역자들을 위한 사업을 해야 한다는 것이다. 각각의 사업체들이 온전하게 내 브랜드의 색깔을 잘 유지

해나가며, 안정적으로 사업을 영위할 수 있도록 만들어주는 것이 가맹본사의 마땅한 책임일 것이다.

매뉴얼

프랜차이즈의 가장 두드러지는 특징은 바로 규격화, 표준화
이다. 어느 지점에 가도 동일한 서비스, 동일한 퀄리티를 유지하
는 것이 핵심이기 때문에 모든 부분에서 일관된 시스템을 가질
수 있도록 자세하고 섬세한 매뉴얼을 작성하는 것이 중요하다.

매뉴얼의 중요성

앞에서도 계속 언급했듯 모든 지점에서 동일한 시스템을 적
용하는 것이 프랜차이즈의 핵심이다. 같은 브랜드를 사용하기 때
문에 A지점과 B지점, C지점에서 대부분의 주요 서비스 품목들
마다 동일한 서비스를 제공해야 한다. 음악학원의 경우는 시스

템, 커리큘럼, 피아노 교수법, 이 세 가지가 핵심이기 때문에 매뉴얼에서 가장 많은 분량을 차지하게 된다. 모든 경우의 수를 다 고려하여 최대한 자세하게 작성해야 하며, 프랜차이즈 교육 시에 여러 번 강조해야 한다.

가맹점주가 매뉴얼을 익히고 교육을 받았다고 하더라도 모든 매뉴얼을 100% 준수하는 것은 거의 불가능에 가깝다. 그렇다 하더라도 가맹본사는 정기 교육과 모니터링을 통해 각 가맹점을 꾸준하게 관리하고, 적절한 시기마다 매뉴얼의 수정, 보완으로 트렌드에서 뒤떨어지지 않도록 힘써야 할 것이다.

매뉴얼 작성 방법

매뉴얼은 최대한 구체적이어야 하고, 이해하기 쉽게 작성되어야 한다. 매뉴얼의 가장 첫 장인 목차는 우리 회사가 얼마나 체계적으로 운영, 관리되어 있는지를 보여주는 지표가 되므로, 주요 카테고리와 세부 카테고리를 잘 나누어 작성해야 한다. 특히 음악학원은 무형의 서비스를 제공하는 사업체이므로, 학원 운영 시 발생할 수 있는 모든 문제상황에 대한 해결방법이 기재되어야 한다.

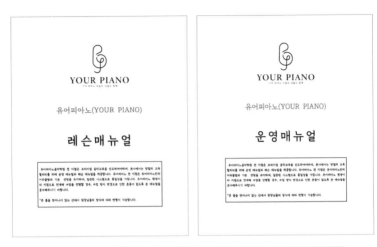

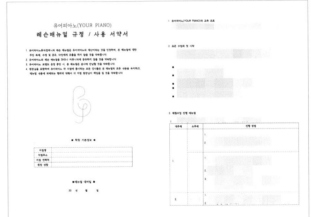

유어피아노 매뉴얼

프랜차이즈 마케팅

프랜차이즈 마케팅의 장점

프랜차이즈는 일반적으로 규모가 일반 사업장보다 크기 때문에 '대량화'가 가장 큰 핵심이다. 개인이 마케팅을 진행할 때는 예산의 한계, 배포의 한계가 있기 마련이다. 프랜차이즈는 이러한 한계를 넘게 한다. 일단 프랜차이즈는 한 브랜드명을 여러 지점이 사용하기 때문에 이미 이름이 알려진 브랜드를 사용한다는 점에서 이미 유리한 고지를 선점한 것과 같으며, 가맹본사가 기획한 홍보 방식을 따르고 그 홍보물을 사용하면서 직접 제작할 필요도 없으니 가맹점주 입장에서는 일석 삼조의 효과를 얻을 수 있다.

가맹점주가 학원 운영, 학부모 관리 등 학원의 내실에 집중한다면, 가맹본사에서는 적극적으로 브랜드를 알리는 마케팅에 집중해야 한다. 학원 마케팅의 주요 대상은 분명하다. 학부모와 원생을 대상으로 온라인, 오프라인 광고 모두를 진행해야 하는데, 급변하는 시대 흐름에 맞추어 오프라인보다 온라인에 집중하는 것을 권장한다. 스마트폰 하나로 모든 것을 해결할 수 있는 시대이므로 다양한 매체, 플랫폼들을 활용해야 한다. 특히 요즘의 트렌드는 숏폼 마케팅으로, 5분이나 10분 이상의 영상으로 홍보하던 과거와는 다르게 최대한 짧은 시간 안에 마케팅 포인트를 전달하는 방식으로 바뀌고 있다. 이는 빨리빨리 문화가 자리잡힌 우리나라에 적합한 마케팅이라고 보이며, 앞으로 영상 자체가 더 짧아질 가능성도 높다고 본다.

학원 운영만으로도 정신없이 벅찬 현실에 영상도 찍어야 하고, 이미지 파일도 만들어야 하고, 브랜딩도 해야 한다면 과부하가 올 확률이 높을 것이다. 그럴 땐 프랜차이즈를 이용해보자. 내일이 반 이상 줄어들 것이다.

유어피아노의 마케팅

유어피아노는 전투적인 마케팅으로 유명하다. 그래서 유어피아노 지점이 진입하는 상권과 겹치는 학원들은 긴장 상태로 운영한다는 말을 줄곧 들어왔다. 그러다 보니 실제로 한 지점을 오픈하기 전 주변 학원들의 상당한 견제를 받았는데, 실외에 배치해 둔 홍보용 배너가 훼손되기도 했으며 유어피아노 지점과 본사에 대한 거짓 소문이 돌기도 했다. 그럼에도 매출에는 전혀 타격을 입지 않았다.

유어피아노를 런칭하기 이전부터 나와 내 가족이 운영하는 학원은 원생 모집이 안 되어 힘들다거나, 운영에 문제가 있어 아이들이 그만두거나, 아이들의 실력이 퇴보하는 일은 단 한 번도 없었다. 물론 학원을 운영하기 위해서는 내실을 다지는 것이 중요하다. 하지만 내가 얼마만큼의 경쟁력을 가지고 있는지는 학원에 와봐야만 알 수 있는 것이다. 그러니 성공적으로 학원을 운영하기 위해서는 마케팅이 더욱 중요한 문제가 된다. 여기에 학원이 있다는 것, 이곳에 오면 어떻게 교육을 받을 수 있고 아이들이 어떻게 성장할 수 있는지 등의 내용을 알려야 한다. 학원을 알리기 위한 홍보의 도구로 이용할 수 있는 것은 무료든 유료든 최대한으로 이용해야 한다. 경쟁력 있는 브랜드는 상호 그 자체만으로 존재감을 드러내기 때문에 정체성이 확실해야 하고, 단순히 지점의 수가 많은 것보다 지점 하나하나가 얼마나 안정적으로 운영되고 있는지를 끊임없이 확인해야 한다. 이것이 결국엔 장기적 성공으로 가는 길일 것이다.

● 유어피아노의 마케팅 노하우 ①

내 아이의 학원을 결정하기 위해 보통의 학부모들은 검색을 하거나 평판이 좋은 학원을 소개받아 등록한다. 컴퓨터나 모바일을 통한 검색은 학원을 알아보기 위한 필수 과정 중 하나이므로, 학부모가 어떤 키워드로 검색하든 가장 첫 페이지에 유어피아노가 상위 노출될 수 있도록 능력 있는 온라인 대행사와 함께 마케팅을 진행하고 있다. 실제로 유어피아노의 전 지점들은 네이버와 인스타그램을 포함한 온라인 플랫폼에 모두 상위 노출되어 있고, 콘텐츠의 양과 질 모두 만족할 수 있도록 구성되어 꾸준히 온라인 상위 랭크를 유지하고 있다.

유어피아노 전 지점 네이버 검색 상위 노출

• 유어피아노의 마케팅 노하우 ②

온라인 마케팅도 중요하지만, 사실 더 중요한 것은 입소문이다. 입소문이 빠르게 날 수 있는 여러 가지 필요 충족 요소들이 있는데, 유어피아노는 그중 하나인 '실행력'에 집중한다. 예를 들면, 일반적인 학원에서 1년에 한 번 진행할까 말까 하는 프로그램들을 최소 열 번 이상 실행에 옮기는 것이다. (모든 프로그램에 대해서는 세세한 매뉴얼이 준비되어 있다.) 누구에게나 같은 24시간이 주어지고 같은 1년이 주어지지만, 그 시간을 어떻게 활용하느냐에 따라서 입소문의 전파속도는 천지 차이가 난다. 그렇게 진행한 여러 가지 행사들을 대대적으로 홍보한다. 유어피아노는 온라인 마케팅에 강하기 때문에 오프라인에서 진행하는 모든 것들에 대해서 효과적인 전달이 가능하다.

유어피아노 프로그램 – 연탄 봉사

유어피아노 프로그램 – 민뮤직 킨더벌룬

● 유어피아노의 마케팅 노하우 ③

유어피아노는 음악학원 프랜차이즈 중 유일하게 자체 버스를 보유하고 있다. 이 버스는 아이들의 외부활동이나 단체이동 시 사용되기도 하지만, 홍보의 도구로도 사용된다. 시즌마다 현수막을 교체하여 버스에 부착하고, 유동인구가 많은 곳을 돌며 학원의 이름을 알린다. 주 운송용으로 사용되는 승합차와는 크기부터 확연히 다르기 때문에 버스가 한번 움직이는 순간 자연스럽게 시선이 가게 되면서 짧게나마 유어피아노를 각인시킬 수 있다.

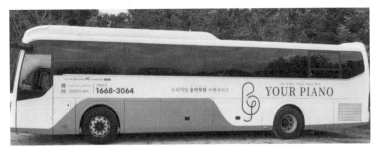

유어피아노 버스

● 유어피아노의 마케팅 노하우 ④

유어피아노는 브랜딩의 모든 과정을 포함하여 현재까지 전담 디자이너와 꾸준한 소통으로 브랜드 이미지를 만들어가고 있다. 프랜차이즈 운영의 모든 과정에 젊은 감각을 가지고 있는 20대들이 함께하고 있는데, 빠르게 변하는 트렌드의 속도를 맞추려면 이들의 에너지와 센스는 필수이기 때문이다. 유행에 뒤처지는 순간 머지않아 외면받게 된다. 항상 트렌드에 민감해야 하고 먼저 선두에 나설 수 있어야 한다. 유어피아노가 바로 그런 프랜차이즈이다. 유어피아노 지점들은 따라 하는 자가 아닌 선두에 앞장서는 자들이 된다. 퀄리티 높은 디자인과 획기적이고 센스 있는 홍보물을 제작하여 시선을 끌고, 체계화된 시스템과 커리큘럼, 효과적인 피아노 교수법으로 재원생들의 수강 기간을 늘릴 수 있다.

블로그 디자인

신입생 홍보지

신규 배너

신규 오픈 포스터

에코백

학원 운영과 관련된 법률 상식 네 가지

1. 강사 고용/해고

- 근로기준법 제67조 제3항에 따라 사용자는 근로조건이 담긴 근로계약서 등을 서면(전자문서 포함)으로 명시하여 교부하여야 하고, 미교부 시 500만 원 이하의 벌금에 처하게 된다. 근로계약서에는 임금, 계약기간, 근무장소, 어떤 과목을 담당할지 등 세부업무 분야를 명확하게 기재해야 하고, 교재를 학원으로부터 제공받거나 학원강사가 스스로 제작하여 배포할 경우 저작권에 관한 사항도 논의하여 명시해야 한다.
- 근로기준법 제26조에 따라 사용자는 근로자를 해고하려면 적어도 30일 전에 예고를 하여야 하고, 30일 전에 예고를 하지 아니하였을 때에는 30일분 이상의 통상임금을 해고예고수당으로 지급해야 한다.

2. 임대차

- 건축물의 용도가 제2종 근린생활시설, 교육연구시설인 경우에만 학원 설립이 가능하다. 제1종 근린생활시설에서는 허가가 되지 않기 때문에 용도변경을 통해 조건에 부합하도록 시청, 구청 등에서 승인 절차를 거쳐야 한다. 또한, 불법건축물이거나 지하인 경우에도 학원 설립이 되지 않는다. 따라서 계약하기 전에 건축물대장을 정부24 홈페이지 등에서 확인해야 한다.
- 계약하기 전에 건물의 상태를 꼼꼼하게 점검하여 사진과 영상을 남겨야 한다. 임대 종료 후 원상회복을 할 때, 어디서부터 어디까지 복구를 해

야 하는지, 건물에 일부 훼손이 있을 경우 누구의 책임인지 등에 분쟁이 발생할 수 있으므로 꼭 남겨야 한다.

- 월세의 인상은 상가건물 임대차보호법 제11조에 의해 5% 이내서만 인상이 가능하고, 증액이 있은 이후 1년 내에는 인상할 수 없다.

3. 소음

타 학원, 타 영업장에서 소음 기준상 이상이 없음에도 소송을 당할 경우, 소음과 관련하여 기준치를 넘지 않는다는 점을 영상, 녹음 등으로 확보해야 한다. 소음의 크기, 반복, 장소 등에 따라 어떤 결론이 나올지 알 수 없으므로, 가까운 법률사무실에서 상담을 받아보는 것을 추천한다.

4. 명예훼손

맘카페나 SNS에 내 학원에 대한 명예훼손 게시글이 올라왔다면 사진과 영상으로 증거를 확보해야 한다. 네이버에서는 피해 당사자를 위한 신고 시스템을 운영하고 있으며, 30일의 게시글 중단기간 내에 해당 게시글로 인한 피해 내용을 소명할 경우 게시글의 삭제 처리를 허용하고 있다. 참고로, 소명이 이루어지지 않을 경우, 30일 이후에는 영구 삭제가 불가하고, 게시글 작성자를 통해서만 삭제가 가능하다. 네이버 이외의 플랫폼이나 SNS에 올라온 게시글일 경우, 법원을 통하여 해당글의 삭제를 구하는 가처분을 신청할 수 있고, 경찰서에 명예훼손으로 고소를 할 수도 있으며, 금액을 지급하라는 손해배상을 청구할 수도 있다.

장원택 변호사_ 법무법인 (유한) 안팍 인천지사 대표변호사

부록

학원 운영에 필요한 각종 서식

|

강사 계약서 | 강사 매뉴얼 | 방학 안내문

수강료 차감 및 환불 규정 | 연주회 사회자 대본

원생 관리일지 | 월간 안내문 | 전화상담 매뉴얼

직거래 계약서 | 총괄 안내문 | 학원비 인상 안내문

1. 강사 계약서

강사 위촉 계약서

유어피아노음악학원(이하 "갑"이라 한다)과　　　　　(이하 "을"이라한다)는 아래 조건과 약정에 의거 위촉계약을 체결하고 "갑"과 "을"은 약정된 업무를 성실히 수행할 것을 확약하며 다음과 같이 계약을 체결한다.

제 1조 (계약 당사자)
"갑" 유어피아노음악학원 원장 오세현
"을" 성　　　명 :
　　　주민등록번호 :
　　　주　　　소 :

제 2 조 (근무지 및 담당파트)
가. 근 무 지 : 유어피아노음악학원 (상세주소 입력)
나. 담당파트 : 전임강사 (근무시간 : 근무 시간 입력)

제 3조 (계약기간)
2024년 4월 1일부터 5월 1일 까지는 수습기간이며, 2024년부터 4월 1일부터 2025년 3월 31일 까지 계약해지통보가 없으면 매 월 단위를 기준으로 자동 연장되는 것으로 한다.

제 4 조 (준수사항) "을"은 다음 사항을 준수하여야 한다.
가. "을"은 수업 준비를 위하여 정시까지 교육장에 입장하여야 한다.
나. "을"은 강습에 필요한 복장착용과 수업에 관한 제반사항을 점검해야 하며 수업시간을 준수한다.
다. "을"은 수업에 필요한 개인장비 등에 대하여 원생을 상대로 판매 .알선등 영리행위를 할 수 없다.
라. "을"은 수업에 지장이 없는 범위에서 "갑"과 상의하여 강사를 교체할 수 있으며, 계속 수업을 할 수 없을 시에는 "을"은 최소 한달 전에는 "갑" 에게 통보하여야 한다.
마. 근무시간 중 잦은 자리비움이나 핸드폰 사용을 금지한다.

제 5 조 (강사료 지급방법)
가. 강사료는 월급제로 한다.
나. 강사료는 월급 1,750,000원이다.
다. 강사료에서 3.3%의 세금을 제하고 지급된다.
라. 강사료는 주휴수당을 포함한 금액이다.
마. 강사료는 매월 1일부터 말일까지 근무기준으로 다음 달 10일에 지급한다.
바. 천재지변 및 정부시행령으로 학원을 휴원하는 경우, 강사료를 근무 일자에 맞춰 일할 계산하여 지급하며, 상호 협의하에 조정될 수 있다.

제 6 조 (퇴직금)
　가. "갑"은 "을"이 학원에서 근무한지 1년 이상 근무, 주 15시간 이상 근무 조건을 충족했을 시에
　　　퇴직금을 지급한다.
　나. 조건이 충족되지 아니하였을 시에는 지급하지 않는다.

제 7 조 (계약해지)
　"갑"은 "을"이 본 계약서의 내용을 성실히 수행하지 않거나 다음 각 호에 해당하는 경우에는
　즉시 계약을 해지할 수 있다.
　가. 신체, 정신적인 장애로 직무를 담당할 수 없을 때
　나. 정당한 사유 없이 월 2회 이상 수업불참 및 월 4회 이상 지각한 때
　다. 재원생을 개인레슨으로 유도하여 본인의 수익을 올렸을 경우 계약은 즉시 해지되며,
　　　학원이 입은 피해에 대한 소송이 진행된다.
　라. 학원 운영이 불가하게 되는 경우

제 9 조 (복 무)
　"을"은 본 계약 제2조 및 제4조의 업무수행을 위하여 "갑"의 기관에 근무하면서 "갑"의 제반규정
　을 준수하여야 한다.

제 10 조 (해 석)
　가. 본 계약서 해석상의 의문이 있을 때에는 "갑"의 해석에 의한다.
　나. "을"은 본 계약서 및 유어피아노음악학원 제반규정에 규정되지 아니한 사항에 대해서는
　　　"갑"이 정하는 바에 따라야 한다.

제 11 조 (계약서의 보증)
　본 계약서를 보증하기위하여 계약서 2통을 작성하고, "갑"과 "을"이 각각 기명날인하여 1통씩
　보관한다.

　　　　　　　　　　　　　　　　　년　　　월　　　일

　　　　　　　"갑"　원　장 /　　　　　(인)
　　　　　　　"을"　강　사 /　　　　　(인)

2. 강사 매뉴얼

YOUR PIANO

— 너의 피아노, 오늘도 내일도 함께 —

유어피아노음악학원 강사 업무 & 레슨 매뉴얼

1. 근무 관련
1) 출근과 퇴근은 정해진 시간에 맞춰주시고, 변동이 생길 경우에는 꼭 사전에 고지해주세요.
2) 출근은 단정한 복장으로, 노출이 많은 옷이나 몸매가 드러나는 복장은 피해주세요.
3) 주차등록된 차량이 아닌 타 차량으로 입차할 경우 차량번호를 퇴근 전 말씀해주세요.
4) 홀과 이론실, 연습실 내에 쓰레기가 있을 경우 쓰레기 통에 넣어주시고, 눈에 보이는 곳에 불필요한
   물건이 없도록 수시로 정리해주세요. **특히 학원입구는 항상 깨끗해야합니다.** (슬리퍼 정리 수시로)

2. 학부모님 / 아이들 응대 관련
1) 학원에 학부모님이나 낯선 분이 오시면 웃으며 "안녕하세요 어머님" "안녕하세요 어떤 일로 오셨어
   요?"로 인사해주세요. **(인사 필수)**
2) 아이들 등원 시, 한 명씩 눈 마주치며 인사해주시고, 안부 인사 한 마디씩 꼭 덧붙여주세요.
   (안녕 ㅇㅇ야, 주말 잘 보냈어? / 오늘 점심에 맛있는거 먹고 왔어? / 방과후 재미있었어? 등)
3) 학원 전화받으실 때 "안녕하세요 유어피아노입니다."로 시작해주세요.
4) 아이들이 학원으로 등원할 때, **신발 정리**를 스스로 하고, 꼭 **출결기계**에 번호를 스스로 누르고 들어올
   수 있도록 안내해주세요.

3. 레슨 관련 (세부 매뉴얼 추가 첨부)
1) **레슨 루틴**을 지켜주세요. (등원 즉시 **레슨카드 작성 → 연습 → 레슨 → 연습 → 체크레슨 → 이론**)
2) **기초 과정**은 피아노 석세스 레슨과 테크닉→리사이틀 순으로 레슨을 진행해주시고, 두 교재의 레슨 속
   도를 맞춰주세요. (레슨과 테크닉 우측 상단에 리사이틀 페이지가 나와있습니다.) 레슨과 테크닉에서 필
   요한 테크닉을 배운 이후에 리사이틀 곡들에 적용이 가능하기 때문에 레슨과 테크닉 교재에 특히 더
   신경을 써서 지도해주세요. **(특히 유치부와 1학년의 경우 수시로 들어가서 연습을 체크해주셔야합니다.)**
3) **기초 과정**의 평균 연습 횟수는 곡의 난이도와 원생의 성향에 따라 한 곡당 5-15회이며, 이전에 작성
   된 진도카드를 살펴보시고, 그 아이의 평균 연습횟수에서 크게 벗어나지 않도록 설정해주세요.
4) **기초 과정**은 평균 한 곡에 하루-이틀을 배우며, 최대 3일을 넘기지 않도록 합니다. 지도하려고 하는
   교육 목표의 80%가 충족되었다고 생각 될 때 넘어가주시고, 각 단원별 교육 목표에 대해 꼭 설명해주
   시길 바랍니다.
5) **체르니 과정**은 요일별 레슨 교재가 다르기 때문에 아이들이 등원 시 레슨/연습 구성이 달라집니다.
   주 5회 기준 : 월/하농,체르니 화/체르니 수/소나티나 목/반주 금/뉴에이지
   주 4회 기준 : 1회/하농,체르니 2회/소나티나 3회/반주,뉴에이지 4회/체르니
   주 3회 기준 : 1회/하농,체르니 2회/소나티나,반주 3회/뉴에이지,체르니
   주 2회 기준 : 1회/하농,체르니 2회/소나티나,반주,뉴에이지
   *콩쿨이나 연주회에 참가할 경우, 소나티나 대신 해당 연주곡을 레슨해주시면 됩니다.
   *레슨 날이 아닌 다른 요일에 등원하는 원생들은 진도카드 작성 없이 모든 곡을 7번씩 연습합니다.
   *각 교재별 레슨 포인트를 정확히 짚어주세요.

5) 체르니 과정의 각 교재별 레슨 횟수는 다음과 같습니다.

하농 : 기본 레가토 5번, 변형 5번 / 변형을 여러개 레슨받았을 경우에는 각 3번씩

체르니/소나티나 : 8마디 기준 5-10번(난이도에 따라 조절) / 한바닥 기준 5-7번 / 전체 기준 3-5번
(체르니는 위의 마디별로 점점 확대하여 레슨을 진행해주셔야합니다.)

반주 : 한 곡당 10번 / 난이도가 타교재 대비 쉬우므로 하루에 2,3곡씩 레슨해주셔도 무방합니다.

뉴에이지 : 한바닥 기준 5-10번 / 전체기준 5번

5) 체르니 과정의 각 교재별 진도 속도는 다음과 같습니다.

하농 : 한 번호당 평균 3주 / 최대 4주 (리듬 변형 모두 포함하여)

체르니 : 한 번호당 평균 2주 / 최대 4주 (체르니100 2주, 30 3주, 40 4주)

소나티나 : 한 작품 당 평균 한 달 / 작품에 따라 최대 두 달

반주 : 하루 최소 2곡씩 / 아이의 속도에 맞춰 최대한 많은 곡 레슨

뉴에이지 : 한 곡당 평균 2주 / 최대 한 달

4. 원장에게 꼭 보고하셔야 할 사항

1) 아이가 학원에서 울었을 때 (울게 된 이유와 과정)

2) 아이가 평소와 다를 경우 (학습태도나 기분, 교우관계 등의 변화가 심할 때)

3) 아이가 피아노학원을 그만 다닌다거나, 재미가 없다고 말했을 때

4) 원장 부재 시, 결제 혹은 상담이 있을 때

5. 기타

1) 학원 내 간식이 소진되었거나 필요한 비품이 있을 때에 편하게 요청해주세요.

2) 급여에 대한 정당한 인상 요청은 언제나 환영입니다. 근무 성과가 높다면 강사님의 능력에 비례하여
언제든 인상해드릴 의향이 있습니다.

3) 인센티브는 성인 레슨 시 / 추가 근무 시 지급합니다.

4) 매 월 1-31일 근무에 대한 수당은 **다음 월 5일**마다 지급됩니다.

여러분은 아이들에게 음악적인 지식 뿐만 아니라

음악이 주는 기쁨과 행복까지 전달해주는 사람입니다.

가르치기만 하는 "교사"의 역할에 그치는 것이 아니라

아이들의 "인생 멘토"로, "제일 존경받고 오래 기억되는 선생님"으로

"우리 학원의 보배같은 선생님"으로 오래 근무해주시길 바랍니다 :)

3. 방학 안내문

YOUR PIANO

너의 피아노, 오늘도 내일도 함께

2024년도 유어피아노음악학원 여름방학 안내문

학부모님 안녕하세요! 너의 피아노, 오늘도 내일도 함께. **유어피아노음악학원**입니다.
무더위가 기승을 부리는 7월입니다. 유어피아노 가족분들 모두 건강 유의하시길 바랍니다.
그 어느 때보다 정신없이 달려온 상반기를 정리하고, 2024년의 남은 하반기도 알차고 뜻 깊은 시간이
되셨으면 합니다.

우리 학원 방학 일정을 안내해드립니다.

- 일 자 : **7월 29일 (월) - 8월 2일 (금)**
- 정상등원일 : **8월 5일 (월)**
- 초등생 방학기간 중 운영시간 : **1시부터 6시** (학기 중과 동일)
- 각 가정의 휴가 일정에 맞춰 장기 결석이 예정된 경우, 학원으로 연락주시길 바랍니다.
  (학원 방학일 제외 결석 일주일 이상 시 원비조정 가능합니다.)

사랑스러운 우리 아이들을 저희 학원에 믿고 맡겨주심 감사드립니다.
본 원의 원장과 부원장을 포함한 강사진 모두는 지난 상반기동안 보다 효과적인 교육과 아이들의 음악적
성장을 위해 다양한 피아노 교수법을 끊임없이 연구해왔습니다.
짧다면 짧고, 길다면 긴 일주일이라는 시간동안 우리 아이들을 위한 최상의 교육을 위해 재충전의 시간을
가지고자합니다.
학부모님들의 너그러운 이해 부탁드립니다.

문의사항이 있으시면 언제든지 연락부탁드립니다.
감사합니다.

유어피아노음악학원장 오세현드림

4. 수강료 차감 및 환불 규정

YOUR PIANO
— 너의 피아노, 오늘도 내일도 함께 —

유어피아노음악학원 수강료 차감 및 환불 규정

1. 본 원의 수강료는 **주 3회 기준 월 12일**을 기준으로 교육청에 신고되었습니다.
   평일만 운영되므로 수강료는 주말을 포함하지 않으나, <u>국가 공휴일은 포함됩니다.</u>
   매 월 수업일수가 12일을 초과하는 경우, 그에 따른 수강료 추가납부는 없습니다.
   * 학원 방학이 있는 **달은** 방학을 포함하여 수업료 결제 (차감 없음)
   * **주 3회 160,000원** (12일 : 하루 수업료 13,300원)

2. 본 원은 결석 시 해당 월 내 보강을 원칙으로 하며, 아래와 같은 사유로 결석 시 수강료가 차감됩니다.
   1) **질병, 상해 등 질병으로 인하여 일주일 이상 결석 시**
   2) **여행, 휴가 등으로 인하여 일주일 이상 결석 시**

3. 차감 방법
   5일 결석의 경우 다음 달 수업일수에서 5일을 차감하며, **남은 평일 수업 일수**만큼을 일할결제
   ex) **주 3회 월,수,금** 수강 중인 원생이 3월 셋째 주 5일 결석 시
   → 4월의 전체 평일 일수 21일에서 5일을 차감, 남은 수업 요일대로 일할 결제
   (4월 8일부터 월,수,금 10일 수강료인 133,000원 결제)
   *매 달 수업일수가 다르므로 월별로 차이 있음

월	화	수	목	금
	1	2	3	4
7	8	9	10	11
14	15	16	17	18
21	22	23	24	25
28	29	30	31	

<3월> *수업일수23일

월	화	수	목	금
				1
4	5	6	7	8
11	12	13	14	15
18	19	20	21	22
25	26	27	28	29

<4월> *수업일수21일

4. 형제할인 적용
   형제할인은 **정상 원비 결제 시 적용**되므로, 일할 계산으로 차감이 이루어진 경우나
   환불이 진행되는 경우에는 적용되지 않습니다. (정상원비로 환불/차감됩니다.)

5. **수강료 환불 규정** (학원법 시행령 제 18조에 의거한 교습비등 반환기준에 의거)
   *교습시작 전 : 이미 납부한 교습비등의 전액
   *총 교습시간의 1/3 경과 전 : 이미 납부한 교습비등의 2/3에 해당하는 금액
   *총 교습시간의 1/2 경과 전 : 이미 납부한 교습비등의 1/2에 해당하는 금액
   *총 교습시간의 1/2 경과 후 : 반환하지 않음

5. 연주회 사회자 대본

< 사회자 대본 >

1부 : 사회자1, 사회자2

사회자1 : 여러분 안녕하세요~ 유어피아노음악학원 제 1회 정기연주회에 오신 모든 분들을 환영합니다!
저는 1부 사회를 맡은 사회자1

사회자2 : 사회자2입니다.

사회자1 : 기대하고 기대했던 오늘이 드디어 찾아왔네요.

사회자2 : 바쁘신 와중에도 이 자리에 오신 모든 분들께 감사드립니다.

사회자1 : 오늘은 저희 유어피아노음악학원에서 처음으로 개최되는 연주회인데요

사회자1 : 사랑하는 부모님과 할머니, 할아버지 그리고 이모 삼촌 고모 언니 오빠 동생들 (헥헥)

사회자2 : 여기 계신 모든 분들께 아름다운 연주를 들려드리기 위해 열심히 연습했습니다.

사회자1 : 귀엽게 봐주시고 큰 격려의 박수와 응원 부탁드릴게요.

사회자2 : 연주회 시작에 앞서 몇 가지 안내사항을 확인해주셔야하는데요

사회자1 : 영상으로 함께 보시죠!

[영상송출]

사회자1 : 와우 어느 학원 학생들인지 연기를 정말 잘하네요!

사회자2 : 그러게요~ 역시 예닮음악학원이네요.

사회자1 : 이제부터 본격적으로 연주회를 시작해보려고 합니다.

사회자2 : 오프닝 무대로 피아노 트리오 연주가 있겠습니다.

사회자1 : 피아노 트리오는 피아노, 바이올린, 첼로로 구성되는데요, 원장선생님과 바이올린, 첼로
선생님들께서 연주해주시겠습니다.

사회자2 : 총 세 곡의 연주가 준비되어있는데요, 문리버, 플라이미투더문, 사랑의 인사입니다.

사회자1 : 너무 기대되는 연주네요. 큰 박수로 맞아주세요~

[트리오 연주]

사회자1 : 아름다운 바이올린의 선율과 첼로의 저음, 피아노 반주까지 너무 멋진 연주였습니다.

사회자2 : 자 이제부터는 피아노 연주를 시작할텐데요, 첫 번 째 순서로 ㅇㅇㅇ언니의 연주가 있
겠습니다.

사회자1 : 곡명은 샤미나드의 숲의 수호신입니다.

사회자2 : 큰 박수로 맞아주세요.

[ㅇㅇㅇ 연주]

사회자1 : 곡의 제목과 걸맞는 아주 멋진 연주였습니다.

사회자2 : 다음 연주는 ㅁㅁㅁ 친구의 연주입니다.

사회자1 : 곡명은 라이넥의 댄스인형 춤, 헬렌 멀라이즈의 동물원에 갈까 입니다.

사회자2 : 큰 박수로 맞아주세요,

[ㅁㅁㅁ 연주]

사회자1 : 제 친구지만 너무 잘 연주한 것 같아서 기분이 좋네요~

사회자2 : 다음 연주는 ㅇㅇㅇ 친구의 연주입니다.

사회자1 : 학원에서 항상 활발한 모습을 보여주던 태유가 어떻게 연주할지 기대되네요!
사회자2 : 곡명은 오펜 바흐의 캉캉, 스칸디나비아 민속노래입니다.
사회자1 : 큰 박수로 맞아주세요.
(ㅎㅎㅎ 연주)
사회자2 : ㅎㅎ의 이렇게 진지한 모습은 처음 보는 것 같아요!
사회자1 : 너무 멋진 연주 였습니다.
사회자2 : 다음 연주는 ㄱㄱㄱ친구의 연주입니다.
사회자1 : 곡명은 베토벤의 환희의 송가, 헬렌 멀라이즈의 노컷는 인디언입니다.
사회자2 : 큰 박수로 맞아주세요.
(ㄱㄱㄱ 연주)
사회자1 : 환희의 송가가 이렇게 아름다운 음악인 지 다시금 느끼게 되는 연주였습니다.
사회자2 : 다음 연주는 ㄷㄷㄷ 친구의 연주입니다.
사회자1 : 곡명은 라인즈 소나티나와 히사이시조의 언제나 몇 번이라도입니다.
사회자2 : 큰 박수로 맞아주세요.
(ㄷㄷㄷ 연주)

위의 레파토리로 곡의 느낌에 따라 변형, 반복해주세요.

사회자2 : 여기까지의 연주, 여러분 모두 어떠셨나요? (대답 듣기)
사회자1 : 저희도 너무 즐겁고 행복한 시간이었습니다.
사회자2 : 너무 떨리고 긴장되는 순간들을 이겨내고 멋진 연주를 들려준 모두에게 다시한번 큰
　　　　박수를 부탁드립니다. (짝짝짝)
사회자1 : 1부 연주의 마무리에 앞서 원장선생님의 인사말과 선생님들 소개가 있겠습니다.
사회자2 : 큰 박수로 맞아주세요.
(원장선생님 인사 및 선생님들 소개)
사회자1 : 이렇게 멋진 선생님들께 피아노를 배울 수 있어서 너무 감사하네요.
사회자2 : 그후~ 저도 더 열심히 연습해서 내년 연주회 때는 더 멋진 연주를 하고 싶네요.
사회자1 : 자, 이제는 1부의 정말 마지막 순서인데요, 트로피 증정이 있겠습니다.
사회자2 : 지금부터는 원장선생님께서 진행해주실텐데요,
사회자1 : 저희는 이만 여기서 물러나도록 하겠습니다.
사회자2/사회자1 : 지금까지 함께해주셔서 감사합니다. (인사)
(퇴장)

6. 원생 관리일지

YOUR PIANO
너의 피아노, 오늘도 내일도 함께

원 생 관 리 일 지

원 생 이 름 :

신규 등록일		누적 월차	이 달 결석 횟수
현재 교재	피아노		
	이 론		
	*이 달의 레슨포인트		
1) 피아노	*교재별 진도상황	하농	
		체르니	
		소나티네	
		반주	
		뉴에이지	
2) 이론	*이 달의 지도포인트		
	*교재별 진도상황	계이름하자	
		음악노트	
3) 수업태도			
4) 수업흥미			
5) 수업참여			
6) 교우관계			
상담 진행 내용 기재			

7. 월간 안내문

너의 피아노, 오늘도 내일도 함께

✿ 유어피아노음악학원 11월 안내문 ✿

♩ **11월 우리 학원 수업 / 특강 / 행사** (피:피아노, 이:이론) [하:하농,체:체르니,소:소나티네,반:반주,레:레파토리]

월	화	수	목	금	토
1 피:하,체 레슨 이:영재음악이론	2 피:소나티네 레슨 이:계이름하자	3 피:실용반주 레슨 이:영재음악이론	4 피:레파토리 레슨 이:계이름하자	5 피:체르니 레슨 이:영재음악이론	6 영산아트홀 연주회
8 피:하,체 레슨 이:영재음악이론	9 피:소나티네 레슨 이:계이름하자	10 피:실용반주 레슨 이:영재음악이론	11 피:레파토리 레슨 이:계이름하자	12 피:체르니 레슨 이:영재음악이론	13 연탄봉사활동
15 피:하,체 레슨 이:영재음악이론	16 피:소나티네 레슨 이:계이름하자	17 피:실용반주 레슨 이:영재음악이론	18 피:레파토리 레슨 이:계이름하자	19 피:체르니 레슨 이:영재음악이론	20
22 피:하,체 레슨 이:영재음악이론	23 피:소나티네 레슨 이:계이름하자	24 피:실용반주 레슨 이:영재음악이론	25 피:레파토리 레슨 이:계이름하자	26 음징어 게임	27
29 피:하,체 레슨 이:영재음악이론	30 피:소나티네 레슨 이:계이름하자				

♩ **11월 행사/특강**
11/6 영산아트홀 연주회 :: 본 원 중고등부 학생들이 8핸즈로 연주합니다.
11/13 연탄봉사활동 :: 지역사회를 섬기는 연탄봉사활동
11/26 음징어게임 :: 음악용어, 음표스탬프 박자찾기, 음악상식 등을 전통놀이와 접목시켜 이론을 재미있게 학습합니다.

♩ **11월 토요활동 (연탄봉사활동)**
- 일시 : **11월 13일 토요일 오전 11시-2시** / 학원 출발 : 오전 10시 30분, 종료 후 학원 도착 약 오후 2시 30분 예정
- 장소 : **서울 연탄은행**
- 참가비 : **3만원** (봉사활동 당일에 납부해주세요.)
- 활동 안내 : 추위와 싸우고 있는 소외된 이웃들에게 연탄으로 사랑의 온기를 전달하는 연탄봉사활동입니다.
  참가자 모두에게는 3시간의 봉사활동 시간을 부여하며, 점심을 먹고 하원합니다.
- 참가신청 마감 : 11월 5일(금) 45인승 버스로 이동하며, 함께 봉사활동을 원하시는 학부모님, 친구들도 참여가능합니다.

♩ **2023년 신학기 반배정 안내**
내년 2월에 있을 정기연주회 준비를 위하여 11월부터 미리 반배정이 진행됩니다. 현재 본 원은 4개의 반으로 운영되고 있으며, 강사선생님들의 체계적인 수업 진행을 위해 한 반에 적절한 인원만을 배정하여 밀착 관리하고 있습니다.

♩ **원내 위생관리**
저희 유어피아노음악학원은 코로나19 예방을 위하여 원 내에서 취할 수 있는 모든 위생수칙을 지키고 있습니다.
아이들을 위한 깨끗하고 위생적인 수업공간을 만들기 위해 끊임없이 노력하겠습니다.
* 손씻기, 전체 강사/원생/방문자 온도체크, 전 출입자 마스크 착용, 적외선 전반 소독, 세스코 방역관리

YOUR PIANO

♩ 2월 우리 학원 수업 / 특강 / 행사

Monday	Tuesday	Wednesday	Thursday	Friday	Saturday
			1 피:레파토리레슨 이:게이름하자	2 피:체르니레슨 이:음악노트	3
5 피:하농,체르니레슨 이:음악노트	6 피:소나티네레슨 이:게이름하자	7 피:실용반주레슨 이:음악노트	8 *세뱃돈행사 피:레파토리레슨 이:게이름하자	9 설연휴 휴원	10
12 설연휴 휴원	13 피:소나티네레슨 이:게이름하자	14 *발렌타인선물 피:실용반주레슨 이:음악노트	15 피:레파토리레슨 이:게이름하자	16 피:체르니레슨 이:음악노트	17
19 피:하농,체르니레슨 이:음악노트	20 피:소나티네레슨 이:게이름하자	21 피:실용반주레슨 이:음악노트	22 피:레파토리레슨 이:게이름하자	23 지휘 특강	24
26 피:촬영곡선정,레슨 이:음악노트	27 피:촬영곡레슨,촬영 이:게이름하자	28 피:실용반주레슨 이:음악노트	29 *미니마트쇼핑 피:레파토리레슨 이:게이름하자		

♩ 2월 금요 특강
  진행 주제 : 지휘 특강
  진행 내용 : 지휘자의 역할, 박자별 지휘 패턴 익히기, 음악에 맞춰 지휘해보기 등
  기타 : 원생들은 평소 동원 시간대로 등원하며, 친구나 형제자매와 함께 수업 참여가 가능합니다.
       간식으로 맛있는 떡꼬치가 준비되어 있습니다.

♩ 2월 행사 (세뱃돈 받기 / 발렌타인데이 선물 / 미니마트 쇼핑)
  2월에는 학원의 다양한 행사가 준비되어 있습니다. 위 행사들은 모두 정규 수업을 마친 이후에 진행되며,
  수업 일정에는 차질이 없음을 공지드립니다. 원생들은 평소 동원하는 시간대로 자유롭게 동원합니다.

♩ 3월 / 4월 / 5월 행사 예고
  올 해 3월부터는 본격적으로 토요행사가 진행됩니다. 자세한 일정은 해당 월에 맞춰 재공지 해드리겠습니다.
  3월 : 연반 봉사활동 (대형버스로 이동, 학부모님, 형제자매와 친구들도 함께 참여 가능)
  4월 : 제 2회 원내 연주회 (가급적 원생 모두가 참여, 학원 내에서 진행, 한 부마다 10명씩 구성되어 진행 예정)
  5월 : 어린이날 야외 파티 (다산중앙공원에서 진행, 포인트마켓과 경품 추첨 진행)

♩ 2024년 상반기 콩쿨 접수 예고
  현 월 기준, 피아노 석세스 2급 중반부 이상인 원생을 대상으로 상반기 콩쿨에 참여할 수 있는 자격이 주어집니다.
  6월 중 서울에서 열리는 전국 대회에 출전하며, 참가비와 콩쿨 레슨비가 별도로 발생됩니다. 세부 내용은 3월에
  안내해드리도록 하겠습니다.

♩ 신학기 소개할인 이벤트
  내년 4월까지 소개시켜주신 분, 소개받고 등록하는 분 양쪽에 수강료 3만원을 할인해드립니다. (첫 달)
  (2명 소개일 경우 6만원, 3명 소개일 경우 9만원 -)

YOUR PIANO MUSIC ACADEMY

8. 전화상담 매뉴얼

학부모 전화 상담 매뉴얼 (담임제)

1. **도입부 인사** : 안녕하세요 어머님~ 유어피아노음악학원이에요. 혹시 통화 괜찮으신가요?
   전 ○○○ 담임교사 ○○○에요.

   주제1 날씨 예시) 요즘 날씨가 많이 풀려서 봄날씨더라구요~ 요즘 ○○이도 날씨가 더워서인지 겉옷을 안 입고 올 때도 많아서 날씨가 진짜 풀리긴했구나 싶더라구요~ 건강 잘 유의하시고요

   주제2 신학기 예시) 시간이 정말 빠르더라구요~벌써 한달이 지났는데 ○○이가 학교 적응에 어려움은 없다고하던가요?

   주제3 피아노흥미 예시) 요즘 ○○이가 피아노 어떻다고 하던가요? (현재 피아노 진도)를 치고 있는데 (현재 단계 간략히 ex.손가락번호 123을 안다, 12345를 다 쓴다, 악보를 본다, 악상을 표현한다 등) 집에선 어떻게 말하는지 궁금하네요~

2. **진도상황 설명**
   1) 석세스 : 현재 단계를 설명.
      (손모양, 손가락번호, 양손구분, 도 자리 찾기, 악보보는 능력, 평소 연습량 등)
      -> 그래서 저희가 이번달에는 (이러한) 레슨포인트 위주로 레슨을 했습니다.

   2) 체르니 : 현재 단계를 설명.
      (악보보는 능력, 음악적 표현력, 평소 연습량, 특히 잘하는 교재 등)
      -> 그래서 저희가 이번달에는 (이러한) 레슨포인트 위주로 레슨을 했습니다.

3. **교우관계**
   1) 아이의 성격 언급 (활발, 얌전, 차분, 에너지가 넘친다, 의욕이 넘친다 등)
   2) 친한 친구 혹은 무리
   *첫 등록 원생) 처음에 낯가림이 심하더니 이제는 다 적응을 해서 활발한 모습을 보여주고 있어요.

4. **그 외 이 달의 특이사항**
   *상담전화 시작하는 전 주부터 각 반 원생들 밀착관리 필수
   이번 달 전반적인 사항들 안내해드렸구요, 혹시 다른 궁금하신 점이 있으실까요?

5. **마무리 인사** : 믿고 맡겨주셔서 항상 감사해요. ○○이가 재미있게 배울 수 있도록 노력해서 지도하고 있고, 진도적인 부분도 신경 잘 써서 지도할테니 지켜봐주세요.
   - 저희가 다음 달엔 연주영상을 보내드릴거에요 or 다음 주에 전화 상담하며 수업 관련된 부분 설명 드리겠습니다. (등록 6개월 미만 원생)
   - 학원 공지사항을 밴드에 올려드리고 있어서요~ 시간되시면 밴드도 확인 부탁드리겠습니다.
   (등록 6개월 미만 원생)

9. 직거래 계약서

학원 권리매매 직거래 계약서

양도인과 양수인은 아래와 같이 학원 매매계약을 체결한다.

1. 매매 학원의 표시

소재지(주소)				
학원명		임대차 현황	보증금 임대료	만원 만원

2. 권리금 기준

인원수	
시 설	
비 품	

3. 약정 이행

1) 날짜

계약체결	년 월 일
인수인계 기간	년 월 일
계약 종결	년 월 일

2) 권리금 지급 일정

권리금 총액	금	만원 정			
계약금 (10%)	금	만원 정을 계약 시 지불한다.			
중도금 (40%)	금	만원 정을	년	월	일 지불한다.
잔 금 (50%)	금	만원 정을	년	월	일 지불한다.

3. 약정 사항

제1조 상기 임차권에 관한 시설 및 영업권 일체에 대하여 아래와 같이 양도한다.

제2조 양도인은 그의 정당한 권한을 기 임대차계약서의 제시 등으로 증명한다.

제3조 양수인에의 기 임대차계약의 승계 또는 갱신에 대하여는 양도인과 양수인 상관행에 따라 협조하여야 한다.

- 1 -

제4조 잔금 지급 시까지 제 3조의 이행이 아니 되었을 경우, 양도인은 양수인으로부터
수령 받은 금액을 반환하고 본 계약을 무효로 하며, 계약금은 반환하지 않는다.
단, 양도인의 변심에 의한 계약파기일 경우, 계약금의 2배에 달하는 금액을 양도인에게
지급한다.

제5조 양도인은 명도기일까지의 제세공과금 등을 자기부담으로 청산한다.

제6조 양도인과 양수인은 아래 각호에 근거하여 권리금 총액을 합의하였다.

① 수강생 명부 (별첨)

② 수강생 원비 및 결제일 리스트

③ 수강료 입금내역/카드결제내역

④ 학원현황 (하단 기재)

4. 특약 사항

제1조 양도인은 향후 소재지 반경 2km 이내 동종업을 하지 않으며, 선생으로도 근무하
지 않는다. 위 사항을 어길 경우 양도인에게 법적인 책임을 묻는다.

제2조 명도기일까지 약정인원의 변동이 생길 경우, 약정인원의 10%까지 권리금 금액을 조정하지
않는다.

제3조 10%가 초과되는 인원에 대하여는 한 원생의 6개월분의 수강료를 수취한다.

제4조 수강료는 일할 계산하여 명도시점 이후 해당하는 수강료는 양수인의 소유이다.

본 계약을 확인하기 위해 계약당사자가 이의 없음을 확인한 후 인감날인한다.

년   월   일

양도인	주소				
	주민등록번호		성명		전화
양수인	주소				
	주민등록번호		성명		전화

- 2 -

10. 총괄 안내문

저희 학원은 소중한 우리 아이를 위한 고품격, 고퀄리티 음악교육을 실시하며, [즐겁게! 정착하게! 배우는 피아노]를 교육목표로 삼아 아이들이 음악과 자연스럽게 어우러질 수 있는 교육과정을 가지고 수업을 진행합니다.

교육은 확실히, 노는 것도 확실히!

🌿 유어피아노음악학원만의 지도 노하우! 🌿

- **피아노 전문학원**
- 피아노 전문교육기관으로서 인서울 명문 음대 졸업,재학 음악을 전공한 강사진이 1:1로 정성을 다 해 지도합니다.
- **1인 2악기제로 드럼 무료 강습합니다.**
- 클래식과 코드반주법을 병행해서 교육합니다.
  클래식이 모든 음악의 기초가 되지만 체르니만 열심히 한다고 해서 코드로 반주를 만들어서 치는 것이 저절로 되는 것은 아닙니다. 저희 학원에서는 클래식을 바탕으로 코드반주법도 병행하여 교육하고 있습니다.
- 교재구성 / **기초** : 피아노석세스 레슨과 테크닉, 리사이틀 1~3급 / 이론 : 개념음파자, 영재음악이론
  체르니 : 하농, 체르니, 소나티네, 반주, 레파토리 (총 5권) / 이론 : 개념음파자, 영재음악이론
- 매 월 음료일 특강프로그램과 다양한 이벤트로 재미있고 유익한 음악활동을 유도합니다.
  음악감상, 합창, 청음, 성악, 작곡, 지휘, 리듬활동, 음악놀이, 리코더, 단소, 음악게임, 떡볶이파티, 암보대회, 뮤직 테라피, 달란트시장, 원내콩쿠르 등 음악의 전반적인 체험

🌿 원비/관련/전과정 18만원 🌿 교육월등록 월 20일 수업 기준으로 원비가 책정되어 있습니다. 20일이 초과되거나 오시든더라도 원비 변동 없습니다.

- **피아노 : 주 5회**(월화수목) 60분 피아노&이론 수업 + 금요특강 / **주 3회** 60분 피아노&이론 수업 = **전과정 월 160,000원**
- **성인반 : 주 1회** 60분 개인레슨
- **교재비** : 교재는 우리 학원생은 평생 무료입니다. 특강에 미 참여 하더라도 원비 변동은 없습니다.
- **형제 2명** 등록 시 총 금액에서 원비 **안원할인혜택**을 드립니다. 그 외 할인 혜택은 없습니다.
- **교습비 환불은** 교육법 제18조 제3항에 의거하여 **교습비등 반환기준**에 따릅니다.
- 카드결제, 현금영수증, 각종증명서 발행 가능합니다.

🌿 기타사항 🌿

- 체계적인 담임제 시스템 : 원장, 각 반 담임선생님, 파트선생님
- 시설 : 최고급 인테리어, 피아노 23대, 홀(이론실), 세스코 방역, 각 방 적외선 소독조명, 공기청정기 구비
- 위치 :
- 원비납부 : 레슨비는 선불이며, 결제일은 **매 월 1일**입니다. 보름 이상 미납 시, 수업 중단됩니다.
- 연주영상촬영 : 매주달 **마지막 주 금요일**에 촬영하여 학부모님께 개별적으로 카톡 전송해드립니다.
- 정기유선상담 : 홀수달 **마지막 주 중** 진도상황, 교우관계 등을 각 반 담임선생님을 통해 상담받으실 수 있습니다.
- 콩쿠르 : 무대경험을 통한 자신감 향상과 성취감을 느낄 수 있도록 콩쿨에 참여합니다. (참가비 발생)
- 연주회 : 본 원 재원생은 매 년 2월마다 정기연주회에 참가합니다. (외부를 대관, 참가비 발생)
- 체험학습 : 연 6회 이상의 외부체험학습 (롯데월드,워터파크,아쿠아리움,음악회,전시회,영화관 등 참가비 발생)4
- 학원SNS : **네이버검색→유어피아노음악학원**, 인스타그램 **@yourpiano_official**

추가적으로 궁금하신 사항은 언제든지 문의주시면 자세히 답변 드리겠습니다.

☎ 123-4567

11. 학원비 인상 안내문

YOUR PIANO

—— 너의 피아노, 오늘도 내일도 함께 ——

유어피아노음악학원 수강료 인상 안내문

안녕하세요. 학부모님! 유어피아노음악학원입니다.

저희 학원이 이 곳에서 문을 연 지도 어느 덧 3년이라는 시간이 흘렀습니다.
우리 유어피아노음악학원이 지금의 위치까지 성장할 수 있었던 것은 많은 학부모님들의 격려와 응원
덕분이었던 것 같습니다.

지난 3년동안 높은 물가의 상승과 더불어 학원운영에 필수적인 여러 가지 지출항목들의 인상이 있었음에도
학부모님들께서 배풀어주시는 성원에 보답하고자 수강료를 올리지않고 동결하여 받아왔습니다.
그러나 2026년부터는 최저임금의 상승 및 물가상승폭이 전전년도 대비 20%이상 증가하여 학원비를 물가
상승률에 비례하여 올리지 않고서는 정상적인 운영이 힘든 상황이 되었습니다.
이에 따라 학원 수강료를 인상하게 되었음을 학부모님들께 전달해드리며 깊은 양해를 부탁드립니다.

저희 유어피아노음악학원은 2026년에도 어김없이 사랑스러운 우리 아이들을 위한 최상을 교육을 제공할
것을 약속드립니다.

감사합니다.

* 인상금액 *

인상 전	인상 후
200,000원	250,000원

* 변경시점 *

기존원생	신규원생
3월	2월

음악학원 운영백서

학원 운영 성공을 위한 지침서

1판 1쇄 발행 | 2024년 4월 22일
1판 2쇄 발행 | 2024년 5월 10일

지은이 | 오세현
펴낸이 | 김재선

편   집 | 임예헌
디자인 | 김미경
펴낸곳 | 예솔
주   소 | 서울 마포구 양화로6길 9-24 동우빌딩 4층
전   화 | 02)3142-1663, 335-1662
팩   스 | 02)335-1643
출판등록 | 제2002-000080호(2002.3.21)

ISBN 978-89-5916-048-8 13670

홈페이지 www.yesolpress.com
전자우편 yesolpress@empas.com